AF187931

Para Fidels Revolucion

Eine Reise durch Kuba

von

Reiko Krause

Bibliografische Information der Deutschen Nationalbibliothek

Die Deutsche Nationalbibliothek verzeichnet diese Publikation in der Deutschen Nationalbibliografie; detaillierte bibliografische Daten sind im Internet über http://dnb.d-nb.de abrufbar.

4. Auflage Dezember 2017

Copyright © 2011

Herstellung und Verlag: BoD - Books on Demand, Norderstedt

Alle Rechte vorbehalten

Printed in Germany

Titelfoto @ Tina Geißler

ISBN 9783744890854

contact: www.callingindia.de

Für meinen Vater und alle die,
die noch nie in Kuba waren!

<u>Anmerkung</u>:
Die Geschichte steht nicht still. Die Darstellung der Gegebenheiten sowie Äußerungen zur (politischen) Lage in Kuba beziehen sich auf den Zeitpunkt der Reise im Frühjahr 2009.

MIX
Papier aus verantwortungsvollen Quellen
Paper from responsible sources
FSC® C105338
FSC
www.fsc.org

Inhalt

Vorwort

Ich war in Kuba. Und das allein. Das heißt jetzt nicht, dass außer mir niemand da war. Kubaner gibt es da schon eine Menge, vor allem in Havanna. Dort tummeln sich tanzende Leute und laute Leute, singende Leute und nervige Leute und eben fremde Leute, so wie ich. Von denen buchen die einen zwei Wochen Varadero bei Neckermann und denken, sie hätten Kuba gesehen und die anderen kaufen sich einen „Lonely Planet", schnallen den Rucksack um und reisen in Gegenden, die der nach Katalog reisende Tourist nicht so schnell zu Gesicht bekommt.

Unterwegs war ich zumeist nur mit öffentlichen Verkehrsmitteln, nicht mit dem Mietwagen und als Anhalter nur dann, wenn die Not es erforderte. Egal wie, in Kuba kommt man immer voran. Schließlich weiß derjenige, der in Kuba eine Reise unternimmt, nie, wann, womit und ob er überhaupt ankommen wird. Auch nicht, wie lange die Fahrt dauert. Das alles zusammen bietet genügend Stoff, um ein Gespräch in Gang zu setzen. Sofern man die Sprache versteht. Und hier war das Problem: Der ursprüngliche Plan, diesen Urlaub mit einer Bekannten zu verbringen, die perfekt spanisch spricht, wurde leider zwei Wochen vor der Abreise zu den Akten gelegt, da sie krank im kalten Deutschland zurück blieb. Dass Hände auch zum Reden taugen, konnte, musste ich so jeden Tag aufs Neue erfahren. Und wieder und wieder war dabei festzustellen: Der Weg Kubas führt immer bis zum Sieg! Viva Cuba Libre!

Ein spezieller Dank geht an Nicole, Markus und meinen Vater sowie alle anderen für Hinweise und Korrekturen.

Reiko Krause   im Dezember 2011

Die Perle der Karibik

Mickrige Laternen werfen ein düsteres Licht auf die Straßen. Die Sonne hat sich soeben verabschiedet, der Flughafen von Havanna verschwindet im Rückspiegel. In rasanter Fahrt geht es im Taxi durch die schwarze Nacht. Letztes Etappenziel nach einem langen Flug ist eine Unterkunft. Unruhe macht sich breit, ich bin übermüdet, schon 20 Stunden auf den Beinen. Und ich bin alleine unterwegs. Zum ersten Mal allein auf großer Tour. Mir geht so viel durch den Kopf. Von der Vorfreude auf ein unbekanntes Land bis zum irren Gedanken, nur am Strand zu liegen und die Tage rückwärts zu zählen. Alles oder Nichts. Jede Entscheidung werde ich selbst treffen, jede Verhandlung selbst besiegeln, jedes Gespräch selbst führen. Das heißt, ich werde spanisch sprechen. Etwas genauer: Ich werde spanisch sprechen müssen. Der Trip war zunächst mit einer langjährigen Freundin geplant, wir hatten bereits Flugtickets und die gemeinsame Absicht auf den Kuba-Urlaub. Zu Zweit wird vieles leichter, zumal sie ein Jahr in Spanien gelebt hat. Dann wurde sie überraschend krank und wich mir tagelang aus, nicht jedoch Amors Pfeil, der sie mitten im Herzen traf. Alte Freundschaft gegen die neue Liebe. Ich benötigte 24 Stunden für die Entscheidung. Das geht auch ohne sie! Und es geht mit Händen und Füßen. Wie bei den Taxikosten, die ich eben auf 20 Kuba-Dollar senken konnte, also auf den normalen Touristenpreis. Die Flughafen-Taximafia war wie erwartet vollzählig versammelt und sie hatte es auf mich und alle anderen westlichen Touristen abgesehen.

„Hola, Amigo!" Sie versuchten zuerst den Trick, mich ohne Preishandel in den Wagen zu lotsen.

„Cuanta costa?"

Meine Frage gefiel ihnen nicht, auch nicht meine Beharrlichkeit: „No, máximo veinte". Plötzlich wollten sie nichts mehr verstehen, umkreisten mich jedoch weiter, bearbeiteten mich und schließlich checkte ich ein. Dieser Punkt ging klar an mich. Unzufrieden sitzt der Fahrer nun hinter dem Steuer. Es herrscht kaum Verkehr, nur ein unbeleuchteter Karren mit Holzscheibenrädern im taucht Halbdunkel auf. Als sei es das normalste dieser Welt, rollt er langsam über die Straße. Typische Bilder schweben dazu im Kopf, Bilder von fast leeren Straßen, einige betagte Straßenkreuzer aus den Fünfzigern, daneben pastellfarbene Kolonialhäuser, Zigarrenfabriken und halbleere Rumflaschen, eben so, wie es die Berichte über Kuba immer illustrieren. Am Horizont flimmern bereits die Lichter von Havanna. Meine Gedanken sind schon beim nächsten Augenblick, saugen im Scheinwerferkegel weitere Impressionen auf, als sie schlagartig zurückgesetzt werden. Moment, ein Karren mit Holzscheibenrädern, anstatt PKW und Lastwagen? Wo bin ich denn hier gelandet? Wir sind noch keine fünf Minuten vom Flughafen entfernt und befinden uns längst in einer anderen Welt. Nein, ich erwartete keine modernen Fahrzeuge, keine Neubauten, keine Zukunft.

Ich erwartete ETWAS aus der Vergangenheit.

Aber Holzscheibenräder? Wie weit reisen wir in der Geschichte zurück? Und was kommt als nächstes? Eine Kutsche mit Pferdegespann?

Was folgt ist eine lange Fahrt über eine breite Chaussee, düster ausgeleuchtet, mit Palmen am Straßenrand. Wir nähern uns der Stadtgrenze, warten vor einer roten Ampel.

Der Taxifahrer ist ein Profi, er beruhigte sich wieder und zeigt auf die benachbarte Fahrspur. Außer unzähligen Ladas aus vergangener Zeit und weiterer ehemaliger Ost-Block-Fahrzeuge rollt langsam ein alter, halb verrosteter Oldtimer an uns vorbei. Und dahinter gleich noch einer, wie an einer Schnur aufgereiht einer nach dem anderen, als wären sie auf dem Weg zu einem Oldtimertreffen. Mittendrin statt nur dabei. Ich werde mich bestimmt noch häufig wiederholen, aber lebendiger kann kein Verkehrsmuseum der Welt aussehen. Ein tiefer Blick zurück. Es ist nicht nur ein Traum, eher eine entrückte Zeit, eine fünfzig Jahre alte Wirklichkeit.

Die erste Nacht auf Kuba, die mir bevorsteht. Wo und wie werde ich sie verbringen? Es bieten sich mehrere Möglichkeiten an. Klassisch in einem teuren Touristenhotel in der Innenstadt mit dem Flair alter Tage oder in einem preiswerten Hotel in passabler Lage mit etwas weniger Komfort. Noch näher am kubanischen Leben ist man in einer Casa particular. Casa bedeutet Wohnung und Casa particular werden die Privatunterkünfte genannt, die Teil der real existierenden sozialistischen Planwirtschaft sind. Die kosten nur den Bruchteil eines Hotelzimmers und bieten den direkten Kontakt mit Einheimischen. Und dort habe ich auch gebucht.

Wir halten vor beleuchteten Fenstern in einer Neben-straße, einer Sackgasse wie sich herausstellt. Die meisten Häuser sind alt und verfallen, soweit ich das im Laternen-licht erkennen kann, manche nur noch eine Ruine, Putz blättert von den Hauswänden, Zeitungspapier wirbelt umher, ein Hund stöbert im Abfall und einige Kinder ren-nen lauthals vorbei. Eine schwere Holztür öffnet sich einen

Spalt breit. „Hola" antworte ich zaghaft. "Casa Zenaida?" Ein junger Mann mustert mich von oben bis unten, bittet mich herein. Ich stehe in einem hohen Raum, ein riesiger Kronenleuchter funkelt an der Decke und wirft helles Licht auf antikes Mobilar. Viel Holz, viel Glas, zwei hohe Vitrinen mit Silbertellern springen ins Auge, in der Ecke stehen einladend ein Schaukelstuhl, daneben Grünpflanzen und eine Zimmerpalme. Wo viele Hotels in der weiten Welt mit dem Gefühl der Authenzität geizen, der fehlenden Echtheit, weil es eben nur Hotels sind, Bettenburgen oder einfach nur Schlafgelegenheiten, strahlt dieser Wohnbereich Wärme und Geborgenheit aus. Durch seine Gestaltung sorgt er schnell für kubanische Atmosphäre, für eine entspannte Ankunft nach einer langen Anreise.

Ich werde in das obere Stockwerk geführt, in ein kleines Zimmer mit niedrigen Decken, Doppelbett und eigenem Bad mit Toilette. Immerhin, das macht vieles gleich angenehmer. Die Unterkunft ist benannt nach der Inhaberin, einer dunkelhaarigen Kubanerin mit vollem Ausschnitt, so um die sechzig, mit der ich vor drei Tagen meine ersten spanischen Worte wechselte. Am Telefon stolperte ich einige verkrampfte Sätze, um hier die ersten Nächte zu reservieren. Nicht weniger holprig leistet Zenaida eine Stunde Gesellschaft, unterhält sich mit mir so gut es geht und ich spüre, wie peinlich es ist, nicht ihre Sprache zu verstehen. Es reicht einfach nicht, nur einige Wochen Spanisch im Selbststudium zu lernen, denn ich brauche jetzt weder ein freies Zimmer, noch ihren Namen wissen oder als was sie arbeitet. Und nein, jetzt auch keine Wegbeschreibung. Ich brauche vielmehr kubanisches Geld! Am Flughafen konnte ich zwar tauschen, aber wie überall auf der Welt zu schlechteren Kursen. Neben dem Peso nacional gibt es in

Kuba eine Devisenwährung als Zahlungsmittel, den Peso cubano convertible (CUC), auch Kuba-Dollar genannt, sodass ein Reisender oft zwei Währungen zur Auswahl hat. Der Umrechnungskurs CUC in Peso liegt bei 1:24, der wiederum in etwa 1:1 an den Dollar gekoppelt ist. Dem kubanischen Staat sind auf diese Weise zusätzliche Deviseneinnahmen möglich. Allerdings, mit den alten Pesos kann man nicht wirklich viel anfangen, denn die Touristen sollen IMMER mit CUC bezahlen. Das gesamte touristische Warenangebot ist mit dieser Kunstwährung erhältlich. Wer nicht aufpasst und hier nicht die richtigen Geldscheine zückt, der zahlt schnell das Vierundzwanzig-fache. Und das belastet die Urlaubskasse enorm, wie sich noch zeigen wird.

Mehrfach läutet es an der Haustür, Stimmen dringen von der Straße, spanische Worte werden gewechselt und zwischendurch lauthals gelacht. Dann erscheint Señora Zenaida wieder und stellt mir Steffen vor, 25 Jahre alt und aus Magdeburg. Im nächsten halben Jahr absolviert er in Havanna ein Praktikum für sein Ökologie-Studium, war mit seinem Vater bereits vor drei Jahren hier und kann endlich einige Worte übersetzen. „Einmal quer durch Kuba, vom Westen bis ganz in den Osten. Alles mit dem Fahrrad, drei Wochen lang" schwärmt er. Seine Augen glänzen. Auch vor Müdigkeit, er ist ebenfalls erst am Morgen in Deutschland gestartet.

Was mich an Kuba interessiert? Er schaut gespannt. Etwa Fidel Castro oder Che Guevara? "Nein", ist meine Antwort und relativiere etwas. "Nur am Rande, aber nicht wirklich." Dann vielleicht das Land? Die Leute? Die Kultur? Schon eher, aber nicht nur. Zusammengefasst in einem Satz: Kuba war mehr oder weniger ein Teil meiner Kindheit; ich bin in der DDR aufgewachsen, wir haben in der „Havannaer Straße" gewohnt, mein Spitzname in der Schule war eine Zeit lang „Ramirez". Und das ist alles, nicht mehr und nicht weniger. Jeder geht irgendwann zu seinen Wurzeln zurück. Was liegt da näher, als nach 20 Jahren noch einmal den Sozialismus erleben zu wollen und zu schauen, was daraus geworden ist? Einige bereisen die Orte der Revolution, manche interessiert der planmäßige Aufbau eines sozialistischen Staates vor der Haustür der USA, viele sind beim Anblick der Oldtimer begeistert und die meisten Urlauber kommen nur wegen der karibischen Sonne. Niemandem wird es verwundern, dass ein dreiwöchiger Urlaub nicht ausreicht und auch ich nur einen kurzen Blick durch eine angelehnte Tür werfen kann. Immerhin. Ich will die Augen offen halten, mich dem Gefühl aus der Kinderzeit hingeben, diesen einen Moment erleben, als alles noch jung und unverbraucht war. Wie ein Frühlingstag im Paradies.

Erschlagen von den ersten Eindrücken und auch geschafft vom Flug und der noch fremden Umgebung klingt der Abend aus. Ausgestreckt liege ich auf dem französischen Bett, spiele mit der Fernbedienung für die Klimaanlage. Ich fühle mich großartig, es alleine bis hierher geschafft zu haben. Trotz aller Unwägbarkeiten vor der Abreise. Die fehlenden Sprachkenntnisse, die kurzfristige Absage der Reisebegleitung, der erste vollkommen allein organisierte Rucksackurlaub. Dennoch, es scheint wirklich der gewünschte Start in dieses unbekannte Land zu werden. Ganz gleich wie der Urlaub wird, welche Route ich nehme oder was alles passiert: Wichtig ist ein guter Anfang!

„Buenos Diaz!" Müde Augen blicken mich aus einem zerzausten Spiegelbild an. Ich will es kaum glauben, doch das war bereits die erste Nacht in Kuba! Noch etwas benommen stehe ich unter der Dusche, lasse den Brausenkopf plätschern und genieße den erfrischenden Moment. Und spucke plötzlich jeden Tropfen wieder aus. Nur nichts hinunter schlucken! Verflucht sei meine Gedankenlosigkeit. Blass jagt die Morgensonne die Erinnerung in den Kopf. Trink kein Wasser!, legte mir gestern Steffen ans Herz, nimm es noch nicht einmal zum Zähne putzen. Die Keime können Übelkeit erregen bis zur Wiederkehr des Mageninhalts. So genau wollte ich es gar nicht wissen, auch nicht, dass die alten, vergammelten Leitungen in Havanna mehr Schadstoffe und Bakterien enthalten als die Abwässer eines deutschen Chemiebetriebes.

Aus der Küche dringen Geräusche, Geschirr klappert und irgendwann steigt der Geruch von gebratenem Ei in die Nase. Zenaida stellt Toast dazu und Kaffee und weist mir am Frühstückstisch einen Platz zu. Erwartungsvoll beginnt der Tag. Neben Steffen und Frank, ebenfalls ein deutscher Student, der hier seine dreimonatige Mittelamerikareise abschließt, hockt ein Ehepaar aus Norwegen. Beide sind um die sechzig, die zwei Wochen lang mit einem privaten Führer und dessen Wagen quer durch Kuba reisten. Ihr Guide kannte neben Land und Städten vor allem die illegalen Tricks, um voran zu kommen und etwas zu erleben. Nicht ungewöhnlich und vielmehr Voraussetzung in einem Land mit Mangelwirtschaft, das seine Einwohner nur schwer umfassend versorgen kann. Lebensmittel bekommen die Kubaner auf Rabattmarken und auch die Kraftstoffzuteilung wurde wegen der Verknappung des Öls reglementiert. So können beispielsweise an bestimmten Tagen nur Fahrzeuge mit entsprechenden Kennzeichen tanken. Staatskarossen der Regierungsmitglieder, Polizei und Feuerwehr sowie registrierte Touristen-Mietwagen natürlich ausgenommen. Für alle anderen heißt das in erster Linie: Beziehungspflege! Wer entsprechende Tauschobjekte dabei hat, erhält auch so sein Benzin.

„Für ein paar CUC mehr könnte man in Kuba wirklich alles bekommen", lacht der Norweger und erzählt, wie ihr Guide stets an den knappen Treibstoff gelangte. Der hatte die Motorhaube seines Wagens über und über mit Schlössern versehen und verstand es so trotz Rationierung, immer mit genug Sprit versorgt zu werden. Bis in den letzten Winkel war der Motorraum voll gestopft mit Rumflaschen. Rein zufällig müssen die in der Schnapsbrennerei abhanden gekommen sein, in der sein Bruder arbeitet. Das Grinsen des Norwegers streicht beim Gedanken an die kubanischen Tauschmodalitäten über das ganze Gesicht. Er ist überzeugt, in Kuba kommt es nicht nur darauf an, was man hat, sondern auch, wie man es bekommt. Die Art und Weise sei jedenfalls abwechslungsreich.

Frank kann ebenso viele Geschichten beisteuern. Eine aufregender als die andere, so hat es den Eindruck. Wir unterhalten uns meistens in Englisch, das verstehe ich wenigstens. Wie die Norweger schwärmt er von Trinidad und hängt träumend dem dort absolvierten Tauchkurs mit seiner fantastischen Unterwasserwelt nach. Wie alle Touristen besuchte auch er das Che Guevara-Monument in Santa Clara und sonnte sich anschließend am Strand von Varadero. „Was willst du dir alles anschauen?", stößt er mich an. Acht Augenpaare richten sich auf mich. Schulterzucken. Ich habe nicht wirklich einen Plan und noch nicht einmal eine eigene Reiseroute oder bislang nur sehr grob.

Bedächtig schaue ich über die ausgebreitete Landkarte auf dem Tisch. „Von Havanna erst nach links und dann nach rechts," zeige ich auf einige Orte. „Auf jeden Fall auch nach Trinidad, soweit es die Zeit und die Finanzen zulassen." Ich blicke fragend in die Runde. „So stelle ich mir das vor. Einmal quer über das Land und dann wieder zurück auf Anfang." Also ganz einfach, eigentlich.

Drückende Hitze, Staub, Dreck in den Straßen. Das Domizil liegt in Havanna Centro, dem Wohnviertel der Arbeiter, zehn Minuten von der Altstadt entfernt. Steffen begleitet mich auf dem Weg in die Stadt.

Fremde Blicke, verfallene Häuserfassaden, alte Torbögen, Straßenköter und Kot auf dem Gehweg, sofern ein Gehweg vorhanden ist. Die Eindrücke stürzen pausenlos auf mich ein. Hinzu kreuzen immer wieder Oldtimer die Szenerie. Selbst in den unscheinbaren Seitengassen erstrahlt durch sie der Glanz vergangener Tage. Havanna sei die größte und lebhafteste Stadt der Karibik, die einen von der einen auf die andere Minute bezaubert, verwirrt, entmutigt. So steht es im Reiseführer. War Havanna bis zur Revolution die „Perle der Karibik", ist sie heute eine „Grande Dame", die mit viel Make up aufgehübscht wird, ohne dabei die Falten zu kaschieren, die ein Gesicht erst interessant machen. In den vergangenen Jahrhunderten hat sie jeden verführt, ob karibische Freibeuter, amerikanische Schmuggler oder ausländische Touristen. Von den zuletzt genannten gibt es wohl keinen, den der Anblick der steinzeitlichen Pontiacs aus den vierziger Jahren oder der verfallenen Kolonial-bauten der Altstadt nicht verzaubert. Nirgends in Europa, Asien oder Amerika findet sich ein Ort, der so aussieht wie hier. Eine einzigartige Atmosphäre. Ein Bekannter kam zwei

Wochen nicht aus Havanna heraus, erlebte jeden Tag oder vielmehr jede Nacht aufregende Parties, bereiste Kuba anschließend ein weiteres Mal, um doch noch das Land zu sehen. Aus diesem riesigen Freiluftmuseum mit seinen unbändigen Salsarhythmen gibt es einfach kein Entkommen.

Wir laufen den Malecón entlang, der berühmten Uferpromenade Havannas. Mit Wucht brandet das Meer an die Kaimauer und ergießt sich bis weit auf die Straße. Die Gischt spritzt meterhoch. Ein überwältigendes Bild, wenn im Sonnenlicht die Oldtimer vorbeirollen. Und immer wieder stehen die Wagen mit geöffneten Motorhauben am Straßenrand.

Wie Suchscheinwerfer schweifen die Augen über die Straßen, entdecken vergessen geglaubte Automobile aus einer vergangenen Zeit. „Havanna ist ein gigantisches Verkehrsmuseum" staunte ich bereits vorhin mit offenem Mund. „Nicht nur die alten Ami-Schlitten, auch die ganzen Ladas, Moskwitschs und Wolgas, fast die gesamte Fahrzeugflotte des Ostens rollt vorüber – einfach faszinierend." Für mich ist es eine Reise wie in ein Märchen oder in die automotorisierte Kindheit. Ich kenne noch alle Autotypen! „Schade, dass die kaum noch bei uns fahren." Mit Wehmut schaue ich den Wagen nach, so lange, bis sie zwischen den Häuserschluchten verschwinden.

Steffen blickt ebenso lächelnd auf die Fahrzeuge, dann leuchten auch seine Augen. „Da, so einen haben wir früher gehabt." Er zeigt auf einen vorbeirollenden Lada, den Mercedes des Ostens, dessen verchromte Stoßstangen in der Sonne blitzen.

„So einen? Den fuhren doch nur die Parteibonzen!"

Schlagartig verblasst die Sonne. Ein Kommentar wie aus einer Pistole, er schaut irritiert zu mir, ein Donnerhall rollt

über uns hinweg. „Nicht jeder" blickt er mit zusammen-
gekniffenen Augen dem Wagen nach und entgegnet
schroff: „Es war nicht alles schlecht …"

Den Kopf zur Seite geneigt trete ich einen Schritt zurück
und mustere Steffen. Auf mein Kopfschütteln beginnt er
eine Litanei über die Vorteile der DDR, spricht von kostenloser Bildung, umfassender Gesundheitsvorsorge und
Kinderbetreuung. Er schließt mit den Worten, dass es das
auch hier in Kuba gibt.

„Und warum gibt es die DDR dann nicht mehr?"

Für einen Moment treffen sich unsere Blicke. Zu kurz für
eine Wahrheit. Keine Antwort, keine Reaktion, nur die
rauschende See ist zu hören. Das Meerwasser legt sich wie
Tau über uns. Wir kennen uns noch keine 24 Stunden, und
bislang machte Steffen einen angenehmen, unterhaltsamen
Eindruck. Ohne weitere Anspielung führt die Unterhaltung
zunächst zu belangloseren Themen.

Wir schauen auf die Festung El Morro, die im Hintergrund des Malecón die Hafeneinfahrt überragt. Sie war
einst eine der größten Festungsanlagen Spaniens, schützte
Havanna und all das geraubte Gold der Inkas vor Piraten-
übergriffen. Vom Meer aus war das Castillo uneinnehmbar,
bis die Engländer im 18. Jahrhundert über die Landesseite
kamen und es aushungerten. Im Tausch gegen Florida zog
sich das englische Königreich nach einem Jahr wieder
zurück, hinterließ jedoch freizügigere Handelsstrukturen,
die schließlich den Aufstieg Havannas er-möglichten. Die
Stadt blühte auf, wurde das „Paris der Antillen" genannt
und als 1898 die Spanier mit Hilfe der USA endgültig
vertrieben wurden, war Kuba auf dem Weg zum weiteren
Stern auf der Stars-and-Stripes-Flagge. Vom Regen in die
Traufe, dem nordamerikanischen Einfluss konnte es sich

nicht lange erwehren und wurde in der Zeit der Prohibition das Rückzugsgebiet für Mafiosi, versenkten Glücksspieler ihr Erbe in prachtvollen Casinos und träumte die käufliche Liebe in teuren Hotels vom schnellen Geld. An der Spitze stand dementsprechend ein korrupter Politiker, aber das ist ja ein jeder Politiker irgendwo und irgendwann. Jeder auf seine Weise. Batista nahm das Land aus, unterdrückte die Cubaneros, gab den Großkriminellen Rückendeckung. Bis Fidel Castro auf den Plan trat, die Revolution anzettelte und einen Staat nach sozialistischem Vorbild aufbaute.

„Natürlich ging es den Kubanern danach besser" verteidigt Steffen erneut die Revolution.

„Aber es ist und bleibt eine Diktatur!"

„Du siehst alles nur negativ" protestiert er. „Kuba war lange Kolonie, anschließend abhängig von den imperialistischen USA!" Zufrieden mit seinem Widerspruch lächelt er spöttisch. „Kuba hat sich gewehrt, die BRD damals halt nicht …"

Geschichtsverdreher, denke ich, gehe jedoch nicht mehr darauf ein. Es hämmert zwar weiter im Hinterkopf, ganz leise, ganz dumpf. Nein, du wirst jetzt nicht weiter diskutieren, sage ich mir. Keine endlose Diskussion über Vor- und Nachteile der vorherrschenden politischen Systeme! Der Sozialismus ist nach meinen Erfahrungen nicht mit dem Menschen vereinbar. Auch wenn er theoretisch noch so gut klingt.

Als trennten uns augenblicklich Welten, bummeln wir durch die Innenstadt. Die heiße Sonne wird von einem auf den anderen Moment von Wolken verdeckt, wie aus dem Nichts folgt ein heftiger Regenschauer. Dicke Tropfen prasseln hernieder, es trascht wie bei einem deutschen Sommergewitter. Eine kleine Taverne bietet uns Unterschlupf. Wir sitzen in einer düsteren Ecke im schummrigen Licht. Schwerer Tabakgeruch steigt in die Nase. Die Luft kühlt ab, die Reize bleiben. Von der Straße klingen Salsaklänge, junge Frauen schwingen im Takt dazu ihre Hüften und stolzieren in knappen T-Shirts und noch kürzeren Miniröcken vorbei. Anregende Bilder überschwemmen die Augen. Eine reizvolle Schwarzhaarige stellt jedem einen Mojito auf den Tisch. Rum ist das Nationalgetränk der Kubaner und Mojito der Geschmack der Karibik, bestehend aus Rum mit Limettensaft, Minze und Rohrzucker.

Der Blick wechselt von nackten Schenkeln zum prallen Dekolletee, von tiefschwarzen Locken zu endlosen Beinen.

„War das ein Zwinkern von ihr?" schaue ich der Versuchung nach. Wie ein Traum, der durch den Raum schwebt, schwingt sie lasziv zum nächsten Tisch.

„Ein Zwinkern? Zu dir?" kichert Steffen und lehnt sich zurück. „Bestimmt nicht!"

„Da, wieder ein feuriger Blick!"

„Aber nicht zu dir!" Glucksend fügt er hinzu. „Eben hast du den Sozialismus noch verdammt und nun schaust du ihm voll Sehnsucht nach." Sein meckerndes Lachen schwillt immer lauter an.

Langsam rinnt der Mojito die Kehle hinab. Die Sekunden werden länger, die Gedanken zu einem endlosen Moment. Ein Lächeln vielleicht und wieder von vorn. Der Genuss des Lebens, lebendige Leidenschaft, dazu eine edle Zigarre, zurückgelehnt in einem Schaukelstuhl schmauchend. So käme Kuba dem Paradies schon sehr nahe. Und die Entspannung von ganz allein.

Nach einer gelösten Nacht fühle ich mich in der Casa schon fast heimisch. Es ist wunderbar und gleicht einem Glücksgefühl, ohne spezielle Empfehlungen aus Deutschland mit der selbst ausgesuchten Unterkunft mehr als nur zufrieden zu sein. Dass nebenbei hier auch weitere junge Traveller aus Deutschland nächtigen, bestätigt nur die richtige Wahl.

„Warte, ich fliege ja erst am Abend", greift Frank nach seinem Fotoapparat und folgt mir auf die Straße. Er berichtet viel von seinen Erfahrungen in Mittelamerika und bietet Unmengen an Informationen über Kuba. Die Reiseplanung wird damit zum Kinderspiel. Wer braucht schon in der Landessprache antworten oder gar Bedenken haben, wenn man auf solch tatkräftige Unterstützung bauen kann?

Gemeinsam erkunden wir die Altstadt, genießen an der Uferpromenade das kubanische Flair. Frank reiste zuvor durch Venezuela und Costa Rica, war in Mexico und in drei weiteren südamerikanischen Ländern. „Spanisch, Englisch, Französisch, ein bisschen Italienisch. Damit kommt man gut zurecht," gibt er sich nicht unbescheiden. „Englisch und ein klein wenig Russisch," halte ich mit meinen Sprachkenntnissen dagegen. „Jedenfalls komme ich damit weiter als mit Spanisch! Ach ja, und Deutsch, also immerhin drei!" scherze ich krampfhaft. Nun, wenn er problemlos die Leute versteht, kann er ebenso meine Bustickets ordern. „Nach Viñales? Die habe ich mir dort im berühmten ‚Inglaterra' gekauft."

Das Hotel ist ein restauriertes Gebäude, von außen reich verziert, innen mit hohen Wänden und Stuck an der Decke. Weicher Teppichboden schluckt jeden Schall. Betont leise bestellt er die Fahrtkarten und übersetzt die Abfahrtszeiten. Als ich die Ticketverkäuferin auf Englisch nach den Sitzplätzen frage, bekomme ich auf Deutsch eine Antwort. Erstaunt stocke ich und blicke irritiert. Sie lernte wahrscheinlich in den 80er Jahren deutsch, um - wie andere Kubaner auch - im Osten Deutschlands zu studieren. Die Gedanken zucken. Offensichtlich waren die Befürchtungen unbegründet, ohne Spanisch aufgeschmissen zu sein. Ein hörbares „Danke und gracias!" beim Aufstehen. Übermütig wische ich letzte Zweifel zur Seite, der Urlaubstrip könnte an der Sprachhürde scheitern.

Die Kamera stets einsatzbereit durchstreifen wir die Innenstadt. Zwischen den Balkonen der verschlissenen Häuserfassaden sind Wäscheleinen gespannt, Frauen schwatzen lautstark in den engen Gassen. Wir betreten dunkle Hinterhöfe, betrachten restaurierte Villen neben halb eingestürzten Ruinen, hören laute Salsamusik und nebenbei das Stimmengewirr der unzähligen Touristen. Inmitten hoher Häuserschluchten finden wir wieder zurück zum Malecón. Langsam wälzen sich die Autos über den breiten Boulevard, geben immer wieder neue Fotomotive. Ich kann mich kaum entscheiden, welcher Oldtimer nun besser zu den Ruinen und dem blauen Ozean im Hintergrund passt. Nebenbei, das Meer ist aufgewühlt, peitscht gut zehn Meter an der Kaimauer hoch, setzt die Straße immer wieder für einen kurzen Moment knietief unter Wasser - und vergisst uns leider auch nicht. Nasse Hose, nasse Haare, Glück für den Fotoapparat. Außer der Umhängetasche sind nur die Taschentücher und Streichhölzer unbrauchbar.

Den alten Autos ergeht es nicht besser. Vor uns rollt ein Moskwitsch aus, dessen Fahrer umgehend damit beginnt, unter der Motorhaube zu werkeln. Minuten später stoppt ebenfalls ein Ladafahrer mitten auf der Straße. Auch dieser klappt die Motorhaube hoch, kramt anschließend im Kofferraum nach Ersatzteilen und Ölkanister. Die Kubaner sind wahrlich ein Volk der Schrauber und Improvisationskünstler. Jedes Fahrzeug, jeder Wagen, jedes Vehikel wird repariert, solange diese noch rollen können. Die amerikanischen Plymouth oder Oldsmobile oder Buick waren robust gebaut, fahren heute noch kreuz und quer über Havannas Straßen. Die Langlebigkeit der Wagen sowjetischer Bauart hingegen überrascht, sind diese mittlerweile auch fast vierzig Jahre alt. Aber kein Sozialismus ohne Kreativität. Wie Frank zu berichten weiß, kommt es nicht nur einmal vor, dass neben einem Lada-Motor ein Hyundai-Getriebe oder eine Benzinpumpe aus einem verrosteten Wolga ihren Dienst verrichtet. Und alles eingebaut in einem betagten Chevrolet, der alten Glanz wieder aufleben lässt. In Havanna wird die vergangene Zeit konserviert und dem Betrachter gleichzeitig fünf Jahrzehnte Stillstand vorgegaukelt, damit ein jeder in Erinnerungen schwelgen kann.

„Irgendwie sieht es hier anders aus, als ich erwartet habe", wende ich mich an Steffen, mit dem ich am Nachmittag abermals durch Havanna Centro streune. Wie ein Gefühl aus einem verlorenen Traum. Mit offenen Augen suche ich weiter. „Alles scheint bekannt und sieht doch so fremd aus." Er gibt noch keine Antwort. Wir schlendern weiter über den Obispo, Havannas Fußgängerzone, laufen über den Plaza Vieja, wo Havanna am schönsten und das Eis am teuersten ist, stehen erhaben inmitten dieses unglaublichen UNESCO-Weltkulturerbes. Zu fast jeder Straßenecke weiß Steffen etwas erzählen, erinnert sich an seinen Besuch hier vor drei Jahren. Was mir auffällt, ist schnell erzählt. Havanna sieht alt und verfallen aus, städtebaulich leblos, trotz der imposanten und herrschaftlichen Gebäude und zahlreichen bunten Einwohner. Einerseits wird es vom Leben erfüllt, von spielenden Kindern, von fremden Besuchern, von dazugehörigen Schleppern und manchmal auch von Gelegenheitsprostituierten. Doch etwas fehlt noch im Vergleich zu anderen Metropolen, ganz gleich, auf welchem Erdteil. Zwar spürte ich bereits gestern, dass etwas anders ist, als ob etwas Vertrautes fehlt, kann es jedoch nicht bestimmen.

„Was es ist?" wiederholt Steffen meine Frage und lächelt vor sich hin. „Keine Werbung" antwortet er trocken. „In Kuba gibt es keine Reklame."

Das soll es sein? Und mit einem Mal fällt es wie Schuppen aus den Haaren. Ja, natürlich! Es fehlt die grelle Leuchtreklame, es fehlen die überdimensionalen Werbeanzeigen, es fehlen Farben. Nackte Betonwände statt bunten Marketings. Es gibt keine Reizüberflutung, die Augen werden geschont, der Blick reduziert sich auf das Wesentliche. Unsummen Geld verschlingende Werbefeldzüge sind in Kuba unbekannt. Stetige Propagandabilder gibt es nur für die siegreiche Revolution, für den Sozialismus an sich und – selbstverständlich – von Fidel Castro selbst.

Heute ist ein typisch kubanischer Tag, es ist ein langer Tag des Wartens. Geduld ist das alltägliche Wort und auch das der nächsten drei Wochen. Wie die Kubaner darauf warten, dass etwas geschieht in ihrem Land, warten wir erst eine dreiviertel Stunde auf eine Straßen-Pizza, dann genauso lange auf Passbilder für Steffens Studentenausweis, obwohl nur drei Kunden ebenfalls drei Bediensteten gegenüberstehen. Das Schlangestehen gehört offensichtlich zu einer sozialistischen Gesellschaft wie die Devise „Zeit ist Geld" zum Kapitalismus. Wir müssen halt warten, sagen sich die Kubaner. Und das jeden Tag und immer wieder. Viele verzweifeln an ihrem Land, ertrugen die bleierne Erstarrung der vergangenen Jahre, hoffen nun auf einen baldigen Aufbruch, hinein in eine bessere Zeit. Vorwärts immer, rückwärts nimmer. Geduldig, ohne Hast, denn den Sozialismus in seinem Lauf, hält weder Ochs' noch Esel auf.[1] Bis es soweit ist, warten auch wir und stehen über eine Stunde in einer langen Reihe vor dem Schokoladen-museum. Hier soll es den besten Kakao der Stadt geben. Mit jeglichen Gewürzen verfeinert sei es ein einmaliger Genuss. Nun, ich bin ein neugieriger Mensch und seitdem ich in Indien war, gibt es kaum einen Tee, der nicht zusätz-lich verfeinert wird. Aber Kakao? Es muss an der hohen Erwartung liegen. Mit Pfeffer schmeckt der Kakao jedenfalls nicht erinnernswert.

Auf der Suche nach einer Kleinigkeit zum Essen finden wir außer der billigen Straßen-Pizza nichts, was in den finan-ziellen Rahmen passt. Steffen ernährt sich zudem vegan, isst also nichts, das von Tieren stammt. „Da kannst du ja fast gar nichts essen" bin ich überrascht. Auf Fleisch verzichte ich meistens auch, esse nur etwas Geflügel. „Aber keinen Fisch und auch kein Ei?"

Er schüttelt entschieden den Kopf und relativiert im sel-ben Moment, hier und heute und im nächsten halben Jahr durchaus eine Ausnahme zu machen, da die Mahlzeiten ohne Fisch oder Fleisch kaum satt machen würden. Bei seinem ersten Besuch irritierte ihn, dass Fleisch für Kubaner so eine große Bedeutung hat. In den staatlichen Restaurants bekäme man oft nur ein Häufchen Reis dazu und vielleicht einen Löffel Gemüse, das sei dann alles.

„Es gilt hier als Arme-Leute-Essen, wenn kein Fleisch auf dem Teller liegt." Er lacht. „Schau uns mal an! Wer uns sieht, der denkt, wir sind arme Bettler."

---

[1] Erich Honecker zur Überlegenheit des Sozialismus gegenüber dem Kapitalismus

„Das muss nicht schlecht sein" erinnere ich ihn an die dicker werdende Wohlstandsgesellschaft zu Hause und beiße ein kleines Stück von der Käse-Pizza ab.

„In der Tat, aber die Kubaner sehen das vollkommen anders" erzählt er von der Schwierigkeit, weil vegetarische Kost kaum angeboten wird, außer vielleicht in Havanna. „Vor drei Jahren dachte ich noch, dass sie davon überzeugt waren, hoher Fleischkonsum sei gut für die Gesundheit." Verständnislos schüttelt er den Kopf, fügt dann grinsend hinzu: „Manche glaubten sogar, das steigert die Potenz."

Nun, in den einfachen Restaurants und Imbiss-Ständen, an denen wir heute vorbei kamen, gab es nur Rind und Schwein oder Hühnchen. Und recht schnell dazu den Gedanken, gerne darauf zu verzichten, wenn das rohe Fleisch bei 25 °C im Schatten liegt und von unzähligen Fliegen umschwirrt wird.

„Das kauft man sowieso besser mit den Kuba-Dollars in den Devisen-Läden. Für CUC bekommst du dort alles, auch Fleisch und teuren Fisch" zeigt Steffen auf ein gegenüberliegendes Schaufenster. „Von außen macht es kaum einen Unterschied, aber innen wirst du dich an einen westlichen Supermarkt erinnern."

Der Laden, durch die Klimaanlage eisig gekühlt, erinnert an den Kühlraum einer Großküche. Hinter der Theke stehen mehrere gut gekleidete Angestellte und bedienen das Gefühl, einer elitären Oberschicht anzugehören. Mit der Devisenwährung kann man westliche Waren und teure Konsumgüter bekommen. Neben Shampoo und Nivea-Seife stehen auch Kaffee, eiskaltes Bier und Süßigkeiten zur Auswahl sowie Windeln, Handys oder Fleisch. Kurz: alle Waren des täglichen Bedarfs, die es sonst nur auf dem Schwarzmarkt gibt. Die Inhaber der Casa particulares kön-

27

nen hier für die Touristen einkaufen und so einen westlichen Standard bieten wie die größeren Hotels.

Eine Flasche Rum für den Abend kaufen wir dennoch günstiger in einem Peso-Laden, wo die Einheimischen mit kubanischen Moneda nacional (MN) bezahlen. Hier bekommen sie auch Waren auf Bezugsschein. Dabei handelt es sich um Grundnahrungsmittel wie Nudeln, Brot, Bohnen, Zucker, Rum und Zigarren, die staatlich subventioniert werden. Das Angebot bleibt häufig recht übersichtlich. Heute soll mich der Anblick der fast vollen Regale nicht überraschen, aber – soviel kann ich vorweg nehmen – ich werde in den nächsten Wochen noch das Gegenteil erleben.

So gut wie gestern Abend werden wir heute nicht speisen, als Señora Zenaida in der Küche zauberte und das kubanische Nationalgericht – Reis und schwarze Bohnen, dazu Fisch – auftischte. Auswärts essen ist für Steffen keine Option und als Student auch zu teuer, sodass er den Fisch von gestern aufwärmt. Dazu etwas Salat und pappige Käsesandwiches, die den Bauch vollstopfen, aber nicht sättigen. Kubanisches FastFood, von gesunder Ernährung keine Spur. Wir stoßen mit billigem Rum an, die Geschmacksnerven erschaudern, die Erinnerung schenkt mir ferner ein unangenehmes Dejavue an die Kindheit.

Und das kam so: Wie jeder neugierige Junge entdeckte auch ich irgendwann das Barfach der Eltern und nippte der Reihe nach an allen Flaschen. Es war wie bei einer Plünderung oder einem Piratenüberfall. In jener Freistunde schmeckte der Eierlikör am besten, Kirschlikör brannte leicht in der Kehle und die Flasche Magenbitter hielt ich in der Hand wie ein Alkoholiker. Ich kostete vom Doppelkorn und probierte ebenso angewidert den Rum. Schon bei den ersten Dämpfen, die heute meine Nase erobern, zieht sich alles zusammen. An die darauf folgende Stunde Schulsport, irgendwann am späten Nachmittag, will ich gar nicht mehr zurückdenken. Und doch wäre jetzt nichts passender, als ein selbst gemachter Mojito.

Bevor es dunkel wird, sacken wir die Flasche Rum ein und laufen zum Malecón, von der Casa sind es ja nur ein paar Schritte. Für einen Moment steht die Sonne über dem Horizont und hat es mit einem Mal eilig, hinter dem Meer zu verschwinden. Wenige Minuten dauert die Dämmerung, dann wird es Nacht. Wie an einer nicht endenden Lichterkette schweift der Blick am Ufer entlang, wo sich die jungen Kubaner ein Stelldichein geben, wo cappuccinofarbene Schönheiten mit ihren Boys flirten, wo langbeinige Latinas mit Leichtigkeit über die Straße schweben. Verliebte, noch nicht Verliebte, die Verliebten kommender Nacht. Bis zur Prostitution ist es nicht weit, auch wenn die in Kuba verboten ist. Kurze Hosen, noch kürzere Röcke. Alle hocken sie nebeneinander, wie die Hühner auf der Stange. Kilometerweit. Eine leichte Brise weht durch die Haare. Die Luft schmeckt salzig und der Gedanke an Urlaub kann nicht näher sein.

„Hier, hab ich von Frank bekommen", reicht mir Steffen eine Zigarre. „Vom Schwarzmarkt. Kannst Du rauchen." Er habe vor Jahren schon probiert, für ihn sei das nichts. „Feuer?" Die Zündhölzer sind noch feucht von der Welle am Mittag. Auf der Mauer sitzen Einheimische und auch Touristen. Wenn, dann soll mir ein Kubaner Feuer geben, denke ich so und frage einen Neger, der ebenso eine Zigarre in der Hand hält. Weiß um die Augen, weiße Zähne, der Rest ist pechschwarz. Offensichtlich ein Nachkomme afrikanischer Sklaven, die hierher verschleppt und verkauft wurden. Er nestelt in seiner Hosentasche. Ach nein, Neger darf man nicht mehr sagen. Das ist diskriminierend. Auch nicht mehr Schwarzer. Vielleicht noch Mohr? Oder Afro-Kubaner? Gibt es in Kuba einen Gleichstellungsbeauftragten? Also, ein maximal Pigmentierter reicht ein brennendes Streichholz. „Gracias, Amigo!" Er lacht breit und pfeift im selben Moment einer Chica hinterher.

Lautlos schillert der Ozean hinter mir. Stickige Wolken türmen sich auf. „Ich habe einen Plan" zitiere ich Egon Olsen und verschwinde in Kinderträumen. Fehlen nur noch die Melone und der zerknitterte Blick dieses Kino-Kleinganoven.

„Du meinst jetzt vor dem Gang ins Gefängnis, oder?"

„Natürlich, ja!" schaue ich aus tränenden Augen und muss husten. „Warte, das hier ist besser!" Mit breiter Brust und etwas überzeugender halte ich die Zigarre wie Hannibal Smith in der Hand, der Held einer US-Fernsehserie, breit grinsend, den Blick aufs offene Meer gerichtet. „Ich liebe es, wenn ein Plan funktioniert!" Steffen lacht und macht ein Foto. Oder eine Szene aus dem Bueno Vista Social Club, die jeder kennt? Anstatt Strohhut liegt die Umhängetasche schräg auf dem Kopf, dazu ein faltiger Gesichtsausdruck, das offene Lachen ohne Zahnlücken und ein seliger Blick aus tiefen Augen. Salsa-Musik erklingt aus einem vorbei-fahrenden Auto, jetzt fehlt nur noch die Gitarre. So oder so, für einen Atemzug erklingt der Rhythmus nach karibischer Leichtigkeit in meinen Ohren. Abwechselnd ziehe ich an der Zigarre und trinke einen kleinen Schluck Rum. Naja, es ist mehr ein Nippen am Blut der Kubaner. Die Karibik schmeckt kopflastig, zudem wird der Malecón in Nebel-schwaden gehüllt. Erst die Zigarre, dann der Rum. Die Kindheit liegt lange zurück. Bitter brennt der Tabak auf der Zunge, von Genuss kann keine Rede sein.

Ein lauer Abend neigt sich dem Ende. Die Gedanken vernebeln, verwässern die Wirklichkeit, ein Blick mit glasigen Augen. Langsam spazieren wir zur Unterkunft zurück, zwischen engen Häuserschluchten hindurch, die anschaulich zeigen, wo die Zeit stehen geblieben ist. Seit 1982 gehört Havanna-Vieja, die Altstadt, zum UNESCO-Welterbe. Und das zu Recht, soviel wird nach zwei Tagen klar. In keiner Stadt der Welt gibt es noch eine so vorhandene alte, unveränderte Stadtarchitektur der Fünfziger Jahre. Havanna wandelt sich nicht, Havanna wird nicht renoviert, nein, Havanna altert, wie eine in die Jahre gekommene Diva, deren verwaschener Blick im Spiegel erahnen lässt, wie schön sie einmal war.

Keine Bananen, nur Kuba-Orangen

Eine unruhige Nacht, viel zu kurz, um ausgeschlafen zu sein. Nach dem Aufwachen der erste Tiefschlag im Urlaub. Es donnert gewaltig im Bauch und gibt einen durchschlagenden Erfolg. Bevor ich eine Stunde darauf abreise, gleich noch einmal. Das hat mir noch gefehlt! Vor der dreistündigen Busfahrt nach Viñales begleitet mich nun auch noch Flitze-Piepe. Mühsam schleppe ich mich zum Hotel „Inglaterra", vor dem bereits einige Leute warten, darunter auch eine junge, äußerst attraktive Frau, deren Stimme wie Balsam in meine Ohren gleitet. Meint sie mich? Überrascht der netten Klänge halte ich inne, verstehe jedoch nichts. Sie wiederholt in Spanisch, Englisch, Französisch. Unerwartet die Erinnerung an Frank. So viele Sprachen! „German?" Ihr offenes Lachen verwirrt die Sinne. Wann der Bus kommt, wollte sie wissen und erzählt, sie reise seit zwei Monaten durch Südamerika. „Davor war ich für ein Praktikum in Argentinien." Blieb etwa Franks Geist in Kuba zurück? Ihre Augen blitzen, am Morgenhimmel leuchtet ein heller Stern. Nur wenige Worte kann ich erwidern, habe kaum Kraft, meinen Rucksack zu schultern. Sie fährt jetzt nach Trinidad, leider in die andere Richtung. „Aber deine Reise führt dich auch noch dahin, oder?" Ich will mich so gerne mit ihr unterhalten, eine Antwort geben, eine Reisebekanntschaft knüpfen, doch ich nicke nur kurz und renne dann los.

Beim Einsteigen gibt die Busbegleiterin zu verstehen, dass wir unterwegs mehrmals Station machen und unter anderem eine Rumfabrik anschauen. Auch das noch, blicke ich starr vor mich hin, wische den Sud von der Nase. Sobald der Bus losfährt, schwillt das Gegrummel im Bauch erneut entsetzlich an. So viel kann doch gar nicht mehr raus! Wir kreuzen quer durch Havanna und sammeln an verschiedenen Hotels weitere Urlauber ein. Das kann was werden, versuche ich mit vollster Anstrengung, alles in mir zu behalten. Den Mageninhalt übergab ich eben fast vollständig der Hotel-Toilette, atme ganz flach und schlucke alles runter was hoch kommen will. Der beginnende Tag hat es offensichtlich nicht gut gemeint.

Das Geschaukel im Bus wird unerträglich. Bevor es aus den Ohren quillt, stürze ich auf das Bord-Klo, kann im Dunkeln nur erahnen, wo der Schwall hingeht. Niedergeschlagen versinke ich wieder im Kunstledersitz. Von der Rumfabrik und den Fotohalten bekomme ich nichts mit, zu sehr bin ich mit mir beschäftigt. Wie lange denn noch? Ich kann nicht mehr! Ich will hier endlich raus!

In Viñales angekommen, habe ich auch nur Augen für eine Unterkunft, lasse mich auf die erste ein, bis eine Frau ein Schild mit meinem Namen hochhält. Stimmt ja, ich soll hier abgeholt werden, pocht es schwer im Hinterkopf.

Eine kurze Fahrt mit dem Wagen zu einem Gartenhaus, einfach und klein mit schmaler Terrasse. Hier wohnen drei Generationen, neben der Mutter, die mich abholte auch Großmutter und Tochter. Ein klassischer Drei-Mädels-Haushalt. Die Sechsjährige blickt aus riesigen Augen, versteckt sich hinter der Mama, während die Oma mich überhaupt nicht wahrnimmt, mich bestenfalls ignoriert. In der „Casa el Mirelia" will ich nur noch ins Bett und ausruhen, kann der Vemieterin bruchstückhaft zu verstehen geben, dass ich Durchfall habe. Sie reicht mir eine Suppe und Kräutertee, versucht zu lachen und macht dabei ein so grimmiges Gesicht - wie eine Mathelehrerin vor der Abschlussklausur.

Mit tiefer Stimme sagt sie etwas, das unfreundlich klingt und für mich unverstanden bleibt, hebt dazu barsch die Hand und deutet mehrfach auf die Tür. Was immer sie auch meint, ich verstehe es nicht. Nur eines wird schnell klar: Als Krankenschwester will ich sie nicht haben, soviel ist sicher.

Auf bisherigen Reisen hatte ich nie Durchfall oder musste Erbrechen, Halbverdautes schoss mir nie aus dem Gesicht, sieht man mal von einigen Nächten mit gewissen Alkohol-exzessen ab. Das war in jungen Jahren, lange her. Heute liege ich jedoch in einem kleinen Zimmer in Kuba, starre auf eine kahle Wand mit kleinem Holzkruzifix und verfluche einen Gott, an den ich nicht glaube. Womit habe ich das verdient? Was habe ich der Welt um Vinales getan, dass ich so abstürze? Die Welt dreht sich weiter und in mir dreht sich alles. Den Rest des Tages verbringe ich schlafend im Bett, stehe nur auf, um mir die Kloschüssel genauer zu betrachten. Ein Tag, den es so besser nicht gegeben hätte.

War ich gestern Abend zu müde, um nach Ohropax zu kramen, treibt mich das Hundegebell in der Nacht fast zum Wahnsinn. Von links, von rechts, von allen Seiten her Hundekläffen. Dazu rumort noch etwas der Bauch, an Ent-spannung und Ruhe ist nicht zu denken. Erschöpft von den gestrigen Strapazen und der stressigen Nacht sitze ich bis zum Mittag auf der Veranda im Schaukelstuhl, lese im Reiseführer und plane die nächsten Tage. Wenn ich mich nur nicht so schwach fühlen würde.

Wo soll es hingehen? Was will ich sehen, was kann ich mir leisten? Außer dem Abflugtermin und dass die Reise in Havanna endet, stehen mir alle Wege offen. Der erste davon soll mich heute zu einer Sparkasse führen, denn ich benötige dafür Geld. Viel mehr Geld. Als ich kurz nach drei vor der örtlichen Bank stehe, weist mich ein graumelierter Mann kurzerhand ab, es sei bereits geschlossen. Und das, er blickt zur Uhr, seit genau fünf Minuten. Nun gut, akzeptiere ich die Realität, dann wird es eben ein kostenloser Spaziergang durch das sonnige Viñales. Durchzogen von lang gestreckten Straßen, kleinen, einstöckigen Häusern aus Lehmziegeln, gibt es noch weniger Autos als in Havanna und neben ein paar Einheimischen kreuzen immer wieder Touristen den Weg. Aus einem Café vernehme ich deutsche Worte, sehe einen tätowierten Mittdreißiger vor einem Mojito, wie er eine fette Zigarre in der Hand hält. Allein der Gedanke daran beschleunigt schon wieder meine Schritte.

Neugierig nach Leben beobachte ich das Geschehen auf der Straße und sehe den streunenden Hunden nach. Sicherlich sind es jene, die nachts auch nicht schlafen konnten, aus welchen Gründen auch immer. Große Hunde, kleine, alle Farben bunt gemischt. Reinrassig ist hier nichts mehr. Schon gar nicht der rosa (!) farbene Hund, der hungrig in der Sonne liegt. Ich belustige mich bei dem Gedanken, ob so vielleicht ein schwuler Hund aussieht und muss bei näherem Hinsehen feststellen, dass er kaum noch Fell hat. Unzählige Bisswunden zeugen von den Spuren eines Hundelebens und dem ewigen Kampf ums Überleben. Die Tierwelt unterscheidet sich da nicht all zu sehr von der Menschheit. Oder umgedreht. Es gibt Hierarchien und Rangordnungen und durchsetzen wird sich der Stärkere. Den Unterschied macht einzig die geistige, kulturelle und soziale Entwicklung der Menschen. Aufbauend auf der Erkenntnis des eigenen Ichs, haben unsere Vorfahren im Laufe der Evolution verschiedene Glaubensrichtungen und Gesellschaftsstrukturen ersonnen, um den Fortbestand der Art zu sichern. Letztlich geht es dabei immer um Macht und Herrschaft. Über den Nachbarn im Einzelnen, über die Gesellschaft im Ganzen. Wir unterdrückten ganze Völker und beuteten Arbeiter bis zum Tode aus, führten Kriege und zerstörten ganze Existenzen. Wirklich frei und glücklich können sich wohl nur diejenigen fühlen, denen es an nichts mangelt, die ihr Leben akzeptieren und sich mit den Gegebenheiten arrangieren, die sie selbst nicht ändern können. Gemessen an Gesundheit, Lebenserwartung, Arbeits- und Familienleben leben die glücklichsten Menschen in Costa Rica. Wie bitte? Was sagte ich? Costa Rica? Bis eben war mir gar nicht bewusst, dass der mittelamerikanische Staat als El Dorado oder Schlaraffenland gilt. Warum nicht Deutschland? Ein Land mit höchstem Fortschritt rangiert erst auf Platz 51 auf dem Glücklichkeits-Index[2]. Doch eine Statistik ist nur so gut wie von dir selbst gefälscht. Dank zufriedener Bürger, einer hohen Lebenserwartung, Gesundheitsvorsorge und einem relativ niedrigen „ökologischen Fußabdruck"[3] stehen die mittelamerikanischen Länder weit oben. In den Top Ten reiht sich auch Kuba ein, das mit der Revolution 1959 ein korruptes System abschaffte, sich dann aber auf den Weg zu einem totalitären Staat machte. Es liegt an der Gesellschaft und es muss an den Menschen liegen. „The more you change yourself, the more you change the others!" Da sind wir der Tierwelt wieder ein Stückchen voraus, im entsprechenden System kann auch der körperlich Schwächere der Glücklichere sein. Ein vorbeifahrender Traktor hinterlässt eine riesige Staubwolke. Auf der anderen Straßenseite knurren zwei Hunde, balgen um ihre Rangordnung, bis einer bald

---

[2] Quelle: www.utopia.de/magazin/der-globale-gluecks-index-liste-zum-download
[3] bedeutet Nachhaltigkeit: alles, was für den eigenen Bedarf einer Person gebraucht wird, ist auf natürlichem Weg erneuerbar

das Weite sucht. Übrig bleibt ein zerbissener Hund, der nun nachts noch lauter bellt.

Wie im Trance wandel ich weiter durch einen verschlafenen Ort, der inmitten einer Landidylle liegt, die aussieht wie am ersten Schöpfungstag. Unwirklich, wie aus einem Traum, ergießt sich über einem das Gefühl, als sei man in einem früheren Leben bereits hier gewesen. Die Gegend um Pinar del Rio, das sagte bereits die Busbegleiterin, sei die ideale Gegend für Tabakanbau und die edelsten Zigarren stammen von hier. Ganz gleich ob Cohiba, Montechristo oder eine echte Havanna. Für den Zigarrenliebhaber schlägt hier das Genießerherz.

Meine Gedanken daran sind seit gestern bekanntermaßen zweigeteilt. Den Zigarrenrollern will ich dennoch in einer kleinen Tabakfabrik über die Schulter schauen. Sie formen die getrockneten Tabakblätter zu einer Zigarre, umhüllen diese mit einem weiteren Blatt und wickeln die halbfertige Zigarre in ein feines Papier. In westlichen Produktpräsentationen wird dem Konsumenten immer der Werbetraum geschenkt, dass die Zigarren auf den nackten Schenkeln einer hübschen Mulattin gerollt werden, bei einem tiefen Blick aus pechschwarzen Augen. Wer weiterhin daran glauben möchte, sollte diesen Absatz überspringen. Denn davon sind wir hier meilenweit entfernt. In Wirklichkeit sind es nur die dickfleischigen Finger eines schwitzenden Bauern, der die Zigarre in eine Holzform steckt und an einer abgegriffenen Kurbel dreht. Breit lächelnd nickt er anschließend mit dem Kopf zur Tür, ich könne auf der Terrasse eine echte Cohiba genießen. Gleichzeitig fällt mein Blick auf eine Flasche Rum. Gedankenblitze und Unwettergrollen jagen durch den Kopf. Und den morgigen Tag dann wieder in den Seilen hängen?

Die untergehende Sonne ruft die Nacht herauf. Waren es vorgestern wirklich die Zigarre und der Rum, die den Körper haben verrückt spielen lassen? Womöglich doch die billige Straßenpizza? Oder sogar das ungefilterte Leitungswasser in Havanna? Glücklicherweise hat sich mein Magen wieder beruhigt. So hungrig wie ich bin, könnte ich eine dreifache Portion verdrücken. Sobald mir jedoch in der Casa etwas Fisch mit Reis und Bohnen serviert wird, will ich in einen freiwilligen Hungerstreik treten. Was soll das denn sein? Die aufgewärmten Reste von vergangener Woche? Übler Fischgeruch weilt in der Nase, schnell rutscht der Appetit gen Null. Die Señora wünscht „Bueño appetito"! Meint sie das wirklich ernst? Egal was sie sagt, es schmeckt nicht.

In mehreren Varianten versuche ich ihr anschließend verständlich zu machen, dass ich morgen ein Fahrrad bräuchte, am besten ein Mountain-Bike, um die Gegend kennenzulernen, doch sie versteht partout nichts. Oder will es nicht. Erst lächelt sie unentwegt, guckt dabei wie die Frau von Isegrim und gibt sich nicht die geringste Mühe, meine Gesten zu deuten. Nach Hin und Her ruft sie den Nachbar von gegenüber, der etwas Englisch spricht, sodass ich richtig glücklich bin, endlich mehr als nur „Hola" oder „Gracias" zu sagen. Kurz darauf steht ein dürrer Mann in der Tür, der auf sein blitzendes Mountain-Bike zeigt. „Cuanta costa?" muss ich es wieder in Spanisch probieren. Ein verschmitztes Lächeln und ein direkter Blick in die Augen. „Diez CUC!" Ein Chaos im Kopf, zu viele Gedanken, darunter kein klarer. Das Doppelte könnte er nennen oder sogar das Dreifache, auch das würde ich akzeptieren. Er verlangt zehn CUC, das sind umgerechnet mehr als acht Euro! Bereits auf dem Weg ins Zimmer spüre ich, wer der

Idiot ist. Ich will den Drahtesel nur einen Tag mieten und nicht gleich kaufen. Absolut unverständlich, wie schnell ich „Si, si!" sagen konnte, nur weil ich so glücklich war, ihn zu verstehen. Als Mirelia, die Hausherrin, dem Nachbar unverstandene Worte zuruft und ein meckerndes Lachen nachschiebt, liege ich schon Zähne knirschend auf dem Bett und hoffe morgen auf einen besseren Tag.

Ein Sonnenstrahl kitzelt an der Nase und holt mich sanft in die Wirklichkeit. Die Engel können nicht weit sein. Immerhin, trotz der überteuerten Gedanken im Kopf, konnte ich schnell ein- und fast acht Stunden durchschlafen. Weder Hundegebell, noch Hahnenkrähen oder die benachbarten Schulkinder störten die Nachtruhe. Mein Bauch blieb über Nacht ebenso ruhig. Bis zum Mittag wird das auch so bleiben, denn das Frühstück ist nicht der Rede wert. Was würde ich jetzt alles für ein deutsches Frühstück geben. Von mir aus auch bei McDonalds! So schwer kann es auch in Kuba nicht sein, einem Gast, der mit Devisen zahlt, irgendetwas Leckeres vor die Nase zu stellen. Bleibt nur zu hoffen, dass es die nächsten Wochen nicht so weitergeht. Sonst werde ich – im Gegensatz zu anderen Reisen – hier eher ab- anstatt zunehmen.

Diesen Gedanken will ich keineswegs vertiefen, dennoch wird mir heute sehr deutlich bewusst: Ich bin in Kuba! Und Kuba ist sozialistisch. Es ist wie früher, der einzige Unterschied zur DDR liegt im sonnigeren Klima. Ansonsten heißt es überall a) Schlangestehen und b) „Nein, keine Bananen." Mit ersterem musste man rechnen, auch bei der Bank, wo der freundliche Herr von gestern eine unergründliche Reihenfolge festlegt und die Touristen bevorzugt zum

Schalter lässt. Aber keine Bananen? Die gehören zu meiner täglichen Nahrung wie zu einem Franzosen das Baguette.

Die DDR baute in Kuba Fabriken und wurde im Tausch dafür mit Südfrüchten beliefert, die man dennoch nur selten zu Gesicht bekam. Vielleicht an Weihnachten oder wenn es etwas unter dem Ladentisch gab. Ich frage mich ernsthaft: Habe ich etwa durch den einstigen Mangel auch heute noch ein Kindheitstrauma zu bewältigen? Bananen schickte Kuba zwar nicht, jedenfalls kann ich mich an keine erinnern. Viel eher an die Kuba-Orangen, von denen kaum jemand begeistert war. Die waren zumeist grün und holzig, eher für die Saftpresse geeignet und dennoch nur selten erhältlich. Aber immerhin aus einem Land jenseits der Mauer. Ich könnte verzweifeln. Gerade hier, wo sonst nichts Vernünftiges aufgetischt wird, gibt es keine Bananen. Wie der Nachbar erzählt, zerstörte der letztjährige Hurrikan nicht nur die Ernte sondern vernichtete auch alle Plantagenbäume. Bananen sind also tatsächlich Mangelware. Unglaublich, das ist Sozialismus in Reinkultur.

Strahlendes Blau am Firmament, früher Nachmittag, kein Lüftchen wirbelt den Schmutz durch die Straßen, gespenstige Stille, selbst die Hunde liegen schlafend im Schatten. Zu hören ist nur das Pfeifen meiner Bronchien. Das endlose, graue Band der Landstraße steigt stetig an, vorbei an Kieferwäldern und ausgedehnten Tabakplantagen und windet sich in Serpentinen höher. In der brütenden Mittagshitze wird jeder zurückgelegte Meter zum kleinen Sieg. Mit dem „überteuerten" Mountainbike ist das Fahrgefühl immerhin wie mit dem eigenen Rad. Als wäre es für mich gemacht. Zuerst geht es zum Hotel „Los Jamines", das eine grandiose Aussicht über den Park Nacional Viñales bietet.

Wie überdimensionale Heuhaufen erheben sich riesige Kalksteinfelsen, in der Urzeit entstanden, als unzählige unterirdische Flüsse am weichen Kalk- und Karstgestein nagten. Ein atemberaubendes Stück Erde, das sich im grellen Sonnenlicht vor mir ausbreitet. Überwältigende Farben, vom schweren tabakbraun bis zum satten palmenblattgrün findet sich jede Farbnuance. Nach gekochtem Hühnchen und Reis, hier durchaus genießbar, machen jetzt nur noch die Ausblicke auf die imposanten Karstkegel hungrig. An dieser Landschaft kann man sich einfach nicht satt sehen.

Die Sonne brennt weiterhin erbarmungslos. Knapp zwanzig Kilometer entfernt gibt es das größte Höhlensystem Kubas, wo die „Cueva de Thomas" zu besichtigen sei. Da will ich hin, doch bereits der Weg ist das Ziel! Eine großartige Valley öffnet sich links und rechts neben der kaum befahrenen Straße. Die Beine kurbeln unentwegt, es wird anstrengend und geht auch mal mehr, mal weniger bergan. Ich fühle mich in die Zeit der Friedensfahrer zurückversetzt oder als Teilnehmer der Tour de France, bin der Verfolger der Spitzengruppe, spüre das Hauptfeld im Nacken. Das war ein ewiger Kindheitstraum, einmal so wie Täve Schur oder später Rudi Altig über den Asphalt zu brettern. Ein einsames Rennen gegen die Zeit. Ich muss auf jeden Fall rechtzeitig zum letzten Rundgang ankommen! Unermüdlich trete ich in die Pedale, immer den Blick nach vorn gerichtet.

Am Straßenrand stoppt mich aufgeregt ein älterer Mann und wedelt aufgebracht mit der Hand. Ist etwas passiert? Droht eine Gefahr? Will er mich warnen? Nachdem ich abgestiegen bin, zieht er an meinem Arm und zeigt auf die

Umgebung. Nebenbei spricht er in Englisch einige kaum verständliche Worte und weist auf die Karstkegel. „Very interesting!" antworte ich höflich. Und weiter? Vorsichtig schaut er sich um, ob uns auch wirklich niemand beobachtet. Als hätte er Pipi in den Augen blickt er mit leidender Miene und öffnet seine Hand. „One CUC, please!" Betteln ist in Kuba verboten und wird streng verfolgt. Offiziell sollen die Touristen auf ihrer Reise vor Aufdringlichkeit geschützt werden. Vielmehr bedeutete es jedoch den Verdacht, dass es den Kubanern an etwas fehlen würde und der Staat sein Volk nicht versorgen könnte. Ich zeige ihm meine barmherzige Seite und drücke einen halben convertible Peso in seine Hand. Dann geht er weiter, der Kampf um die letzte Führung. Mit breiter Brust der Höhle entgegen.

Die Besichtigung dauert zwei Stunden, wir klettern schmale Leitern hinauf, kriechen durch enge Gänge und steigen tiefer in die Höhle hinein. Mehrere Deutsche sind dabei, doch ich lasse meine Herkunft lange im Dunkeln, gehe auch nicht auf deren Bemerkungen ein.

Die unterirdischen Gänge wurden bereits vor tausenden Jahren von Menschen bewohnt, wovon alte Wandmalereien zeugen. Eine riesige Grotte weitet sich vor uns aus, im düsteren Licht fluoreszieren die Farben. „Boah, sieht das geil aus!" rutscht es mir plötzlich über die Lippen, was eine junge Frau mit „Hab ich's mir doch gedacht" kommentiert. Sie reist mit einer europäischen Gruppe, die in täglichen Wanderungen Kuba zu Fuß durchquert. Jeden Tag sind es 20 bis 25 km und sie haben nur einen kleinen Tagesrucksack dabei, während das schwere Gepäck im PKW transportiert wird. Das klingt nach einer interessanten Herausforderung! Der Kontakt mit der Natur und den Kubanern ist viel intensiver als vom klimatisierten Reisebus aus, vergleichbar mit der Fahrradtour von Steffen. Sofern die richtigen Leute dabei sind – und davon ist auszugehen – muss das eine tolle Zeit sein. Auch werden sich kaum Sonne-, Strand- und Party-touristen für einen dreiwöchigen Spaziergang anmelden. Wie spießig, höre ich den schwarzen Mann im Kopf schon rufen. Wie aufregend, schließlich die helle Seite des Ichs.

Die Sonne strahlt mit letzter Kraft, als wir zurück sind. Noch eine Stunde, dann wird sie den Tag verlassen. Vor mir liegen fast zwanzig Kilometer und am Fahrrad sind weder Dynamo noch Lampe angebracht. Für den Rückweg bedeutet das weniger Zeit als hinwärts. Vielleicht geht es jetzt ja etwas mehr bergab, versuche ich meine Gedanken nach oben zu treiben. Doch es bleibt beim vielleicht. Durch die Höhlenbegehung mit ständigem Klettern, Bücken, Leiter rauf und wieder runter, fühlen sich meine Beine so schwer an, als würden die Füße in Bleistiefeln stecken. Die Wahrnehmung spielt mir offensichtlich einen Streich. Haben sich etwa in den vergangenen drei Stunden die Höhenverhältnisse geändert? Ich mein', das ging vorhin doch schon stets bergauf, oder? Auf gerader Strecke herrscht zudem Gegenwind. Ich beiße auf die Lippen, versuche einen PKW zu stoppen und jage einem Mini-LKW hinter-her. Selbst ein Traktor überholt mich. Nein, ich will es alleine schaffen! Mit letzter Kraft kann ich im Halbdunkel den Stadtrand von Viñales erreichen, und noch während ich unter der Dusche stehe, wird es finstere Nacht.

Heute habe ich soviel Energie verbraucht, dass ich dem Dinner entgegen fiebere. Ich habe Kohldampf ohne Ende. Doch es wird wie am Vorabend, kaum steht „Fffisssch" vor mir, wie die Hausherrin übertrieben betont, vergeht mir der Appetit. Die schwarzen Bohnen schwimmen in der Soße wie Schiffbrüchige, der Früchteteller steht lieblos daneben und der gebackene Fisch ist ungenießbar. Nicht einmal der nackige Reis schmeckt. Mein Körper wehrt sich vehement gegen diese Mahlzeit und will lieber hungern als dadurch satt werden. Es ist ohne Worte, was mir hier aufgetischt wird. Betrübt stochere ich mit der Gabel auf dem Teller herum.

Ich sinniere vor mich hin: Was sind die drei größten Erfolge der kubanischen Revolution? Richtig: Es sind Bildung, Gesundheit und Sport. Und die drei größten Misserfolge? Auch richtig: Frühstück, Mittagessen und Abendbrot. Als Tourist bezahle ich mit Devisen und kann an der besseren Küche teilhaben, könnte die besten Lebensmittel vom Schwarzmarkt aufgetischt bekommen, auch Hummer, zartes Hühnchenfleisch oder leckeren Fisch. Leider nicht bei dieser Vermieterin. Es gelingt mir, wohl auch durch den eigenen Überlebenswillen und weil ich nicht an Hunger darben will, ein Viertel vom Teller hinunter zu würgen, dann wird mir der aufsteigende Fischgeruch zu viel. Auf der morgigen Busfahrt mag ich nicht schon wieder leiden.

Plötzlich steht der Typ von gestern an den Türrahmen gelehnt und will sein Fahrrad abholen. Zehn CUC verlangt er, grinst schäbig und bedauert süffisant, dass hier die Preise eben so hoch wären. Am liebsten würde ich ihm nun den Rücken zuwenden, doch dann würde er nicht die Polizei, umgehend aber die grunzenden Nachbarn von nebenan holen. Die bräuchte Señora Mirelia auch fast, als sie mir den Preis für die drei Übernachtungen sagt: 120 CUC! In Buchstaben: Einhundertzwanzig, immerhin fast der zehnfache Monatslohn eines kubanischen Arbeiters! Wer im Tourismussektor arbeitet, sitzt faktisch an der goldenen Quelle, verdient mehr als ein Arzt oder Ingenieur. Das Leben im kubanischen Sozialismus ist ungerecht. Und man muss ausgesprochen blöd sein, diesen Betrag ohne Einwände zu akzeptieren. Aber ich kann mich weder verständlich machen noch etwas entgegen. Ich bin hungrig und auch müde und ich weiß, ich hätte vorher verhandeln sollen. Sie lässt ihre gelben Zähne blitzen und wirft einen kalten Blick hinterher.

Zusammengesunken sitze ich auf dem Bett, begreife die Welt nicht mehr. Ein paar Kekse bleiben für den Abend und zuviel Ärger über diese Abzocke. Es geht dabei nicht einmal um die zehn oder zwanzig Euro, die es heute mehr kostet. Nein, die überhöhten Preise verderben einen für alles, was noch kommt. Das zuviel gezahlte Geld soll an anderer Stelle wieder eingespart werden. Oft genug wird man dann um einen CUC schachern, wahrscheinlich für eine Leistung, die gerecht entlohnt werden sollte. Eine für heute zu späte Erkenntnis, vorher um die Kosten zu feilschen, anstatt im Nachhinein die Welt um Viñales zu verfluchen.

Erneut eine katastrophale Nacht mit grauenhaftem Erwachen. Wieder rollt ein Magen-Darm-Express heran, mit Durchfahrt auf allen Stationen, obwohl ich ja gestern kaum etwas essen wollte. Vom Frühstück lasse ich komplett die Finger, stecke nur das trockene Brot ein. Dass die Señora gestern mit den Nachbarn lauthals lachte und ich mehrfach das Wort „Aleman" hörte, macht mich nur noch wütender. Nur weg, so schnell es geht. Ein Taxi zur Busstation? Um diese Uhrzeit? Ha, so früh würde man keines bekommen. Das waren gestern ihre letzten Worte. Auf der Straße ist dennoch einiges los. Über einen Kilometer schleppe ich mich und den Rucksack zur Haltestelle, wo schon einige Reisende und Touristen stehen. Darunter auch Gesa und Wayne, die am Dienstag ebenfalls im Bus saßen und sich so liebevoll um mich kümmerten. „Heute müssen wir nun das Bord-

Klo in Beschlag nehmen" verdreht sie die Augen. „Wahrscheinlich war es auch bei Dir ein Virus, den Du aus Deutschland mitgeschleppt hast und nicht der Rum oder die Zigarre." All zu gut geht es mir heute jedenfalls nicht. Schon gar nicht, als Gesa sagt, dass sie für die Unterkunft nur rund die Hälfte zahlte. Und sie war nicht allein, so wie ein anderes Pärchen. Auch die zahlten nicht mehr. Für Frühstück drei und Abendessen gar nur sechs CUC. „Und das hat geschmeckt," leckt sich das Mädel über die Lippen. „Schließlich ist Nebensaison. Hast du dir die Preise im Reiseführer nicht angeschaut?"

„Naja, irgendwo schon. Doch vorgestern wollte ich einfach nur noch ankommen, endlich ein Bett und Ruhe haben. Und einen Eimer," versuche ich zu erklären und suche nach Ausreden. Die eigene Dummheit kotzt mich an. „Ich konnte mich kaum verständigen und wollte auch nicht wirklich mit dieser Dreistigkeit rechnen." So eine Erfahrung wird man aber nur einmal machen. Es stellt den größten Nachteil vom individuellen Reisen, auch dann alleine zu sein, wenn man keinen klaren Kopf hat und die Entscheidungsgewalt anderen überlassen muss. Keine Unterstützung, keine helfende Hand. Und – vor allem – kein verstandenes Wort.

Das lukrative Geschäft

Langsam kriecht der Bus die Serpentinen hinauf, wieder am Hotel „Los Jamines" mit seiner bezaubernden Aussicht vorbei. Die Sonne bricht durch die Baumkronen, taucht die Straße in mystisches Licht. Reisen kann so entspannend sein. Und es könnte auch angenehm werden! Wenn die Klimaanlage nicht solch kühlen Wind in den Bus blasen würde. Aus allen Lüftungsschlitzen strömt eisige Luft. Schnell wird es klirrend kalt, sogar die Scheiben beschlagen und die Landschaft rauscht nur noch in einem verwaschenen Grün vorbei.

Woher ich komme, dass ihm Kuba gefällt, wie lange ich bleibe? Der spanische Sitznachbar quatscht munter drauf los, immerhin in Englisch. Was ich vom Sozialismus halte? Hey, Amigo, ich würde mich gerne mit dir unterhalten, auch Antwort geben, aber meine Körperbeherrschung verlangt jetzt jede Konzentration. So gerne ich reise, so sehr hasse ich Busfahren! Ich kann nicht lesen, kaum schlafen und heute auch nicht reden. Erst recht nicht, wenn der Fahrer mit seinem Gefährt über den holprigen Asphalt schaukelt, als sei er Käpt'n Iglo auf hoher See. Wir sind unterwegs auf der Carretera Central, Kubas wichtigster Überlandstaße, die einmal quer über die Insel verläuft. Autos sind selten anzutreffen. Wir überholen Ochsenkarren und Pferdewagen. Sogar Menschen laufen unbekümmert am Straßenrand. Der leere Highway durchzieht endlos die Ebene und führt an flachen Feldern vorbei, die noch von Hand bestellt werden.

An den – teilweise nur halbfertigen – Brücken sind ständig und immer wieder die verschiedensten sozialistischen

Sprüche zu lesen. „Para Fidel´s Revolucion" oder auch sehr oft „50 Años – Defeniendo el socialismo." Stets flattert irgendwo eine kubanische Flagge, werden die Menschen jeden Tag aufs Neue auf die sozialistischen Erfolge und Ziele der Revolution eingeschworen.

Ziele? Welche Ziele sind es? Ich schreibe hier kein Geschichtsbuch, ich will nicht langweilen und mich daher kurz fassen. Es war der erfolgreiche Sturz des kubanischen Diktators Fulgencio Batista durch die Widerstandsbewegung um Fidel Castro, anschließend die ergriffenen radikalen Maßnahmen zum Umbau von Staat, Wirtschaft und Gesellschaft in ein totalitäres marxistisch-leninistisches Regime und schließlich der dauerhafte Führungsanspruch der kommunistischen Partei Kubas unter der Castro-Dynastie.

1. Die Revolution war das Mittel.
2. Das Ziel die Freiheit des kubanischen Volkes.
3. Das Ergebnis ist dauerhafte Rebellion gegen Amerika.

Das nächste Banner taucht am Straßenrand auf. "Hasta la victoria siempre. Patria o muerte." Die überzeugenste aller Losungen von Chè Guevara: „Immer bis zum Sieg. Vaterland oder Tod." Eine Parole nach der anderen wird in die Köpfe der Cubañeros gepflanzt, wie ein buddhistisches Mantra. Man muss es nur oft genug laut aussprechen, um wirklich daran zu glauben, vergleichbar mit der folgenden Fast-Food-Doktrin:

Täglich Cola trinken und Cheeseburger essen ist gesund.

Täglich Cola trinken und Cheeseburger essen ist gesund.

Täglich Cola trinken und Cheeseburger essen ist gesund.

Täglich Cola trinken und Cheeseburger essen ist gesund.

Man kann sich alles einreden. Irgendwann glaubt man auch daran. Den Kubanern wird der Glauben an die richtige Sache bereits in der Schule eingetrichtert und täglich erneuert. Es sind staatstragende Leitbilder, die den Kleinen aufgetischt werden, die sie auswendig lernen, tausendfach wiederholte Werbung, die in die Köpfe gebrannt wird. Und noch einmal für Alle: „La revolucion – es el pueblo!" – „Die Revolution – das ist das Volk!"

Schon aus dem Bus sehe ich einen jungen Mann, der ein Blatt Papier mit meinem Namen hochhält. Kurz vor dem Aussteigen in Cienfuegos gibt mir Gesa den Hinweis, was auf Spanisch „Das ist zu teuer!" sowie „Geht es nicht billiger?" heißt. Einem überhöhten Zimmerpreis will ich heute sofort etwas entgegnen können. Ich bin aufs Äußerste angespannt und hellwach. Nur nicht wieder übers Ohr hauen lassen.

Gesa, die weiter nach Trinidad fährt, hebt aus dem Bus den Daumen und winkt zurück. Breitbeinig stehe ich vor dem jungen Typen, der 25 CUC für die Nacht verlangt, was ich gleich mit „más barato" beantworte. „Okay, veinti" zwinkert er, also Zwanzig, worauf ich immer noch zurückhaltend bin. „Esta incluido desayuno?" Ob ein Frühstück inbegriffen ist? Er rollt mit den Augen. „Si! Veinti, esta incluido desayuno." Ich werfe den Rucksack über die Schultern. „Si, dos noches."

Gemeinsam stolpern wir einige Minuten die Straßen entlang, drei Blocks weiter schlägt er lächelnd die Tür auf. Von der einen auf die andere Sekunde verpufft die schlechte Vorahnung. Ein Himmelreich war nicht zu erwarten, und doch gibt es keinen Vergleich zu Viñales. Mit einem Wisch sind die negativen Befürchtungen hinfort. Blumen und Grünpflanzen stehen zwischen antikem Mobilar, an der Wand hängen Silberteller und ein riesiges Gemälde einer Kathedrale aus der Zeit, als Kuba noch spanisch war. Dazu eine massive Ledercouch, ein schwerer Teppich, glänzend polierter Parkettboden. Der gesamte Wohnbereich funkelt im Kolonialstil. Neben zwei Schaukelstühlen wartet Norma, eine Señora im reifen Alter, deren Augen nach Lebenslust blitzen.

Zuerst ankommen und endlich ausspannen. Ein weiteres junges Paar wohnt im Zimmer nebenan. Jarik und Jolina stammen aus Holland, waren bereits in Trinidad und sind auf achtmonatiger Weltreise. Begeisert berichten sie von ihren Erlebnissen, von Asien, Australien und Neuseeland sowie Südamerika. Jarik, groß und schlank, nimmt dabei raumfüllend die Arme zur Hilfe. Die strohblonde, einen Kopf kleinere Jolina steht fast eingeschüchtert daneben, wenn er das Wort erhebt. Vier Stunden Unterhaltung, Reiseinformationen, Traveller-Tipps. Nur in Englisch, das sind jedoch endlich Worte, die ich verstehe. Spanisch geht weiterhin an mir vorbei. Ein interessantes und anregendes Gespräch. Als ich von meiner Indien-Reise erzähle, sind sie neugierig und wollen mehr davon wissen, waren ebenfalls dort und endlos begeistert. Seitdem, so scheint es ihnen, stünde die Zeit wahrhaftig still. „If I have money and more time, I want travel around the world, too!" erzähle ich von meinen Plänen einer großen Reise. Ein Kloß steckt plötzlich im Hals. Ich weiß, dass Ideen umgesetzt werden müssen, sonst landen sie auf der langen Bank der Träume. Der nie verwirklichten Träume, der großen Wünsche, der Sehnsucht nach Illusion. Und so sieht mein Traum aus: Ich will einmal um die Welt reisen, einmal drum herum, nur um einmal die Welt gesehen zu haben. Ich habe eine Reiseroute im Kopf, die mich auf fast alle Kontinente schickt. Erst Europa im Osten, dann Asien komplett und Australien, schließlich Süd- und Mittelamerika. Bis auf Afrika, das interessiert mich nicht wirklich und auch nicht Nordamerika, da war ich bereits und nur Kanada mit seinen tiefen Wäldern macht neugierig. So viel wie möglich will ich dabei über Land reisen oder auf dem Wasser. Ferne Länder will ich entdecken, fremde Kulturen kennen lernen, das Abenteuer Leben bestehen. Es soll ein Genuss werden, wie ein endloser Urlaub. Im besten Fall benötige ich dafür zwölf Monate. Ohne Pause, ohne zwischenzeitliche Wiederkehr. Jahre schon geistern die Gedanken daran, reifen wie eine süße Frucht. Und dann gibt es genug Ausreden, warum man nicht morgen schon damit beginnt. Erst ist man zu jung, muss zur Schule, Arbeit, Geld verdienen. Die Jahre ziehen unbedacht vorbei. Dann Weiterbildung, Karrieresprung, Hamsterrad. Jedes Jahr eine weitere Runde und wieder von vorn. Bis der Traum herabfällt wie ein faules Stück Obst. Plötzlich hat man Familie, Kinder, der Traum ist ausgeträumt. Jetzt noch einmal alles aufgeben? Den eigenen Schatten überspringen? Sich aus allen Verpflichtungen stehlen? Geht das denn überhaupt? Gibt es eine Alternative? Was gibt es dazwischen? Mir fällt nur diese ein: Mit jeder weiteren Urlaubsreise diesem Traum ein Stück näher kommen! Zusammengestückelt aus jährlich 30 Urlaubstagen ergibt sich so in 20 Jahren etwa anderthalb Jahre Reisezeit. Und das klingt umsetzbar. Alleine oder in Begleitung, die Welt werde ich umrunden, soviel steht fest!

Mitten in den Erzählungen der Hollander über Peru und Mittelamerika scheucht uns der Vermieter plötzlich auf, hält einen Fotoapparat in der Hand und dirigiert uns zu einem gemeinsamen Bild. Wir blicken noch etwas irritiert, folgen bereitwillig den Foto-Anweisungen, als Jarik seine riesigen Arme ausbreitet und aus Versehen an eine Vase gerät, die auf einem Beistelltisch steht. Ich habe keine

Ahnung von altem Geschirr. Besonders schön oder gar wertvoll sieht sie nicht aus. Das hat aber nichts zu sagen, so wenig, wie Scherben Glück bringen. In Bruchteilen verrinnt die Zeit. Bis unversehens Jolinas Hand aus dem Nichts dazwischen langt, das Porzellan auffängt, bevor es am Boden zerscheppert. Weit aufgerissene Augen, in Schockstarre versetzte Gesichter, dann ein Lächeln, ein Foto, ein Glücksmoment.

Nach dem gemeinsamen Abendessen in der Casa mit den Holländern, das Essen kann sehr wohl lecker ausschauen und ebenso gut schmecken, laufe ich hinaus zum Prado von Cienfuegos, der längsten Allee hier in Kuba. Schon halb acht durch. Schnellen Schrittes bin ich unterwegs, aber das schaffe ich in diesem Leben niemals mehr. Mit zwei Touristinnen und dem deutschen Pärchen, das auch in Vinales in den Bus einstieg, bin ich verabredet. Und das war um sieben. Frauen soll man nicht warten lassen. Nirgends auf der Welt, auch nicht in der Karibik. Also noch ein Stück schneller. Da, an der Ecke lauert eine Fahrradrikschah auf Kundschaft. Ein älterer Mann legt seine Zeitung zur Seite, verlangt zwei Kuba-Dollar, fährt nach kurzer Intervention auch für einen bis zum Ende des Malecón. Entspannt schaukeln wir gemächlich über das Kopfsteinpflaster. Dafür hätte ich zu Fuß bestimmt bis Mitternacht gebraucht, na gut, aber mindestens noch eine halbe Stunde. Er verdient gut daran und ich bin nicht zu spät. Einzig bei einer Laufrikscha hätte ich Bedenken. Die gibt es noch in Indien, speziell in Kalkutta, man kommt auch nicht schneller voran, da nur die Füße der Antrieb sind. Sie dient dort einzig zur Ordnung der Gesellschaft, zur Unterscheidung der Kasten, zur Trennung in arm und reich. Das ist Klassenkampf pur. Nicht vorstellbar in Kuba, wo jeder vom Stande her dem anderen gleicht. Oder vielmehr gleich sein soll. Heute kann jeder eine höhere Ausbildung anstreben, es bleibt einerlei, in welchem Umfeld er aufwuchs oder welchen Klassengegensatz er überwinden muss. Der einzige "Klassenkampf" besteht an diesem Abend im Kampf um die Höhe der Kosten zwischen dem Taxifahrer und mir als Kunden.

Bei Marie und Jenny sitzen auch Heike und ihr Freund Peter, die mir bereits in Vinales begegneten. Wir reden bunt durcheinander, teilen Reiseerfahrungen, was wir bisher in Kuba erlebt haben, stoßen mit Mojito an und verabreden uns für übermorgen in Trinidad. Es wird wahrhaftig so, wie meine beste Freundin Conny sagte, die ebenso schon mit dem Rucksack in der Welt unterwegs war, ob Südostasien, Indien oder Mittelamerika: „Mach' dir keine Gedanken wegen dem Alleinereisen oder der Sprache. Du triffst auch in Kuba Traveller, mit denen Du ins Gespräch kommst!" Ein jeder zieht jene Menschen an, auf deren Ebene er sich befindet. Sei offen und kommunikativ und du findest überall auf der Welt ein Gespräch. Reisebekanntschaften kann man überall schließen. Einst saß mir im Zug auf einer Reise an die Adria eine adrette Slowenin gegenüber, den Blick zumeist nach unten oder gelangweilt aus dem Fenster gerichtet, die Nase in ein Buch vergraben und den mp3-Player ins Ohr gestöpselt. Deutliche Anzeichen von: „Störe meine Kreise nicht!" Bei der Ticketkontrolle und anschließender Ansage einer Verspätung konnte ein Lächeln den Bann brechen und wir unterhielten uns stundenlang mehr oder weniger angeregt, mal in Deutsch, meist in Englisch. Sie erzählte vom Studium, den Veränderungen in Slowenien seit Einführung des Euro, erinnerte sich an Jugendträume und lauschte meinen Erzählungen über Reisen in ferne Länder. Eine plötzlich überaus kommunikative Person, die Minuten zuvor noch so unnahbar erschien. Sie reise nicht gerne alleine, bedauerte sie nebenbei, da sie ja niemand kennen lerne. Zu ihrer zuvor abweisenden Ausstrahlung wollte ich erst etwas sagen, war jedoch in keiner Mission unterwegs. Ich genoss einfach den Augenblick und die Zeit bei einer angenehmen Unterhaltung. So wie hier und heute beim abendlichen Blick auf die Karibik, den Mojito in der Hand und salzigen Meeresgeruch in der Nase.

Auf dem Weg zurück in die Stadt verfolgt uns eine Pferdekutsche. Fünf Personen, fünf Meinungen. Von „Ach lass uns doch laufen, der Abend ist so schön", das sagt Marie, bis „Also ich fahre, egal was es kostet!" von Peter, der Freund von Heike. Mir ist es gleich, ob wir die Kutsche nehmen oder nicht. Ich weiß nur, es gilt nicht das erste Angebot. Der Begleiter des Fahrers, ein Sunnyboy aus dem Bilderbuch, ein durchtriebener Schlepper oder wie es in Kuba heißt: ein Jinetero, blickt das ganz schnell und lässt nicht locker, verlangt schließlich zwei CUC bis zum Zentrum. Zwei CUC von jedem! Ein lautes Lachen meinerseits. Wenn ich etwas auf bisherigen Reisen gelernt habe, dann das Feilschen um den Preis. ER will UNS fahren, wir nicht unbedingt. Das senkt überall auf der Welt den Tarif. „Oh, Señora ... blabla ... blablabla..." Gerissen wendet er sich an die Mädels, versucht es dreimal, viermal, doch da gibt es immer noch mich. Schließlich steigen wir ein, zahlen zusammen die üblichen drei CUC, die alltäglich von den Touristen verlangt werden.

Kühler Fahrtwind fegt unter das Hemd und lässt mich frösteln, während die Nervbacke hitzig mit Marie und Jenny flirtet. Abwechselnd liegt seine Hand erst auf dem einen, dann auf dem anderen Schenkel. Beim Aussteigen spielt er den armen kubanischen Kavalier, macht ein traurig-

beleidigtes Gesicht und versucht, von allen einen Nach-
schlag herauszuholen. Nur Peter greift tiefer in die Tasche
und rechtfertigt sich, es wäre ja umgerechnet weniger als
ein Euro. Das koste in Deutschland nicht einmal eine
Straßenbahn. Wenn ich daraufhin die Augenbrauen hoch-
ziehe und scharf über den Brillenrand schaue, ist mein Blick
eindeutig. Wir sind hier in Kuba und für die Urlauber nach
uns wird es immer schwieriger, noch bezahlbare Preise zu
bekommen. Auf diese Weise wird die Fahrt im nächsten
Jahr nicht mehr unter einen Zehner zu haben sein. Sofern
im Tourismusbereich das Wertesystem nicht irgendwann
komplett aus den Fugen gerät.

Der nächste Morgen. Pochende Kopfschmerzen, matte
Glieder, Lustlosigkeit. Die Gedanken an grenzenlose Freiheit lasse ich weiterhin Che Guevara träumen. Das Ergebnis
des Abends zuvor, den ich mit locker wehendem Haar und
offenem Hemd in einer Kutsche verbrachte, heißt nunmehr
Husten, Schnupfen, Heiserkeit und nicht unbedingt eroberte
Unabhängigkeit. Zuerst die Kühle der Nacht, den Rest
besorgte dann der Mojito. Somit bleibt es beim kleinen
Spaziergang durch Cienfuegos, der Perle des Südens und
eine der schönsten Städte Kubas. Die an eine ehemalige
französische Kolonialstadt erinnert und um 1820 mit luft-
und lichtdurchfluteten Straßen und breiten Alleen angelegt
wurde. Der Geschmack von Meeressalz hängt zwischen
den Häusern. So sieht sie zum Teil noch heute aus, denkt
man sich die halbfertigen, monströsen Betonbauten weg,
übersieht man das halbfertige Atomkraftwerk, das nie in
Betrieb gegangen ist. Entspanntes Flanieren durch schmale
Gassen, in denen sich die sozialistischen Parolen wie überall
gleichen. Über kurz oder lang schaut der Commandante be-

schwörend von einem Plakat. Ein immer wiederkehrendes Bild in den Seitenstraßen. Die einzigen Farbtupfer auf den mausgrauen Hauswänden sind rote Fahnen und „gemalte Graffitis" von Castros Gnaden.

Irgendwo dazwischen entdecke ich ein Peso-Restaurant, in dem man mit Moneda nacional bezahlen kann. Touristen sind hier nur selten anzutreffen. Ich stehe vor einer dunklen Vorderfront, der gleißende Sonnenschein lässt alles noch ein bisschen grauer wirken. Die staatlichen Gaststätten unterscheiden sich erheblich von den Devisen-Restaurants. Nicht nur die Fassade, auch die Einrichtung ist einfach und gleicht der einer schlechten Kantine. Schmuddelige Tischdecken und harte, kaum gepolsterte Stühle aus Aluminiumrohr. Schwere Vorhänge bieten neben Sicht- auch ebensoviel Lichtschutz. Es wirkt düster und kalt. Wie die Bedienung, die abweisend und schroff die Bestellung aufnimmt.

Wortlos wird eine zerknitterte Speisekarte gereicht. Das Angebot kann ich zwischen den Fettflecken kaum entziffern, obwohl mit Schreibmaschine geschrieben. „„...con arroz" zeige ich auf ein vermutlich vegetarisches Gericht mit Reis. Zehn Minuten später blicke ich auf ein Cordon Bleu, das habe ich definitv nicht bestellt, das war extra aufgeführt und stand vier Zeilen oben drüber. Wahrscheinlich gibt es nichts anderes mehr. Die zwei (!) kleinen Esslöffel Reis betrachte ich als Witz, der Küchenchef muss einen Clown gefrühstückt haben. Kein Wunder, dass die Kubaner nicht dick werden. Oder meint es der Koch etwa gut mit mir, da Fleisch bekannterweise nur bei Reichen auf den Teller kommt? Nun, dann will ich ihn in dem Glauben lassen.

Meine Augen schweifen durch den halbleeren Saal. In einer düsteren Ecke sitzt wieder der interessante Typ, der mir bereits vorhin auf der Marktstraße auffiel. Alternativer

Style, im schwarzen Jackett mit weißem Hemd und silberne Ringe an den Fingern. An wen erinnert er mich bloß? Nach dem Essen und einer Extra-Portion Reis stehe ich vor ihm. Mein Englisch klingt heute so grottenschlecht, er muss sich veralbert vorkommen. Immerhin, ich kann ihm sagen, dass er der erste hier in Kuba ist, der für mich „normal" aussieht, worauf er lacht. „Maybe for you, but not for the other people ..." Schnell füge ich hinzu, zu Hause ebenso nur in schwarzen Klamotten und abseits des modischen Mainstreams gekleidet in die Stadt zu gehen. „But here, I'm in holiday." Da dürfen auch Farben erlaubt sein. Überflüssig zu erwähnen, dass jeder in der Lage ist, die Welt um sich herum so zu erschaffen und die Gedanken zu bestimmen, wie es einem selbst beliebt. Er ist Mexikaner und singt in einer Punkrockband. Bedauerlicherweise macht er ebenfalls Urlaub und spielt hier kein Konzert. Gegenüber den andauernden Salsa-Klängen wären das zur Abwechslung manierliche Töne für meine genervten Ohren. Buena Vista ist für Senioren und Salsa hat sich ausgedudelt. Auch wenn es zu Kuba gehört wie Reggae nach Jamaika. Der kulturelle Blick der kubanischen Jugend geht in Richtung Amerika und Europa, immer auf der Suche nach denselben musikalischen Vorbildern. Auf den T-Shirts grinsen einen so an jeder Ecke die bekannten Stars und Sternchen aus MTV entgegen. Ob AC/DC, Madonna, Eminem oder Britney Spears, alle waren schon zu sehen. Ein Mädchen trug sogar voller Stolz die überbewerteten Tokio Hotel auf der noch nicht vorhandenen Brust. Wenn die jungen Cubaneros wie durchgestylte Gangsta-Rapper ihren amerikanischen Idolen nacheifern, komme ich mir in meinem sommerlichen, bunten Urlaubs-Outfit arg fehl am Platze vor. Nicht nur für einen kurzen Moment sieht es mancherorts von den Menschen her aus wie auf der Frankfurter Zeil.

Nicht alle Jugendlichen unterwerfen sich der musikalisch-kapitalistischen Doktrin. Sie hören Regueton, einen kubanischen Mischmasch aus verschiedenen amerikanischen Rythmen, bestehend aus karibischen Dancehall-Beats, Hip Hop-Sprechgesang und bekannten Salsa-Melodiebögen. Getextet wird in derber Gangsta-Rap-Manier über Leben und Überleben in Kuba. Wie überall sucht die Jugend auch hier etwas Neues, ruft nach Veränderung. Doch Veränderung ist ein böses Wort auf Kuba, das recht schnell die staatlichen Organe auf den Plan rufen kann. Jede Subkultur hat das Potenzial, die nachfolgende Generation zu verderben. Dazu ein Text über die wahren Zustände und dunkle Gestalten umkreisen den Sänger. Wahrheit ist in Kuba nicht immer das höchste Gut. Und geheim ist alles, was nicht in der "Granma"[4] steht.

„The same procedure as every day" denke ich, als der Vermieter Jadier erneut ein gemeinsames Foto von mir und den neuen Nachbarn macht. Gestern waren es die Holländer, heute ist es ein Pärchen aus Argentinien. Diesmal stehe ich vor dem kleinen Tisch, verrücke die Vase vorsichtig aus meinem Bewegungsbereich. Jadier kümmert sich ausgiebig um seine Gäste. Aber sollte er nicht besser diese Vase endlich woanders hinstellen?

Mathias und Emilia, die auf Hochzeitsreise sind, erzählen beim Dinner von Südamerika und Argentinien und wieder wird es ein gedanklicher Trip in eine unbekannte Welt. Jadier setzt sich dazu, schlägt einen selbst zusammengestellten Katalog auf, erläutert einige Ausflugsziele in der

---

[4] "Granma" heißt das offizielle Staatsorgan und ist Kubas größte Tageszeitung

Umgebung und bietet dazu auch gleich die Organisation. Viele Casa-Vermieter bieten nicht nur Übernachtung, Frühstück und Abendbrot, sondern auch besondere Veranstaltungen an, bisweilen sogar Fahrten zu entfernten Sehenswürdigkeiten. Leider spricht er kaum Englisch, sodass die Südamerikaner für mich übersetzen. Am interessantesten klingt eine Wanderung zu einem Wasserfall, leider ist die auch am teuersten. Zudem müssen wir erst über eine Stunde mit dem Auto fahren. Runterhandeln bleibt erfolglos, da Jadier mich nicht versteht. Oder nicht verstehen will. Die beiden anderen entscheiden sich dafür, doch ich habe morgen einen anderen Plan.

Sonne – Sonne – Sonne! Bei sommerlichem Klima kann es überall auf der Welt sehr angenehm sein. Ausgeschlafen zur Busstation. Auf halbem Weg am hiesigen Bahnhof können die ersten Eisenbahnbilder geknipst werden. Alte, verdreckte Reisezug-wagen, die auf noch älteren Gleisen abgestellt sind und ihrer nächsten Bewegung harren. Daneben eine ausgebrannte Diesellok, deren Stahlgerippe wie eine Mahnung wirkt. „Hey!" ruft ein Mann schroff herüber. „Hey!" Erneut wedelt er mit der Hand in meine Richtung. Schnurstracks läuft er vom anderen Ende des Bahnsteigs her. Mit dem Blick einer Maus, mit kleinen dunklen Knopfaugen und ohne Farbe, die er kaum zum Leuchten bringt. Er ist grauer als grau.

„Buenos tarde" blickt er mir direkt in die Augen, zeigt auf die Kamera und macht eine wütende Handbewegung. Schon klar, denke ich, fotografieren von strategisch wichtigen Punkten und Brücken ist verboten. Das steht zwar nirgends, war aber in der DDR ebensowenig erlaubt. Und dieser kleine Kopfbahnhof gehört seiner Ansicht nach dazu.

Mit seinen drei Bahnsteigen, von Gras überwucherten Abstellgleisen, einer vom Einsturz bedrohten Lok- und Wagenhalle. Gefügig verdecke ich den Fotoapparat, bestehe einen demütigen Moment, der an früher erinnert, an eine erste Warnung vor einem unscheinbaren Fehltritt.

Weiter zum Busbahnhof. Ein Uniformierter weist den Weg zum lokalen Schalter. Ich will zum Castillo de Jagua, eine Festung, die einst die Stadt vor Piraten schützen sollte. An der Fahrkartenausgabe werde ich jedoch nicht verstanden und höre auch keine Antwort, weil hundert wartende Kubaner lärmen ohne Ende. Die schmalen Stühle sind wie bekannt aus anspruchslosem Aluminiumgestell, der Boden ist gefließt, das Stimmengewirr verstärkt sich hundertfach im sparsam eingerichteten Wartesaal. Da bringt es auch nichts, dass ich mir auf einen Spickzettel aufschrieb, was ich fragen möchte. Ein junges Paar steht neben mir und übersetzt, damit ich ein Ticket bekomme. Es sind Studenten aus Berlin, die, wie nicht anders zu erwarten, einige Monate auf Süd- und Mittelamerikareise sind. „Zum Bus geht es hier entlang." Mit ihnen warte ich, bis ein Staatsdiener lautstark zum Anstellen und Einsteigen aufruft. Die Reihenfolge sollen die soeben ausgegebenen Nummern auf dem Ticket regeln, doch schon der Gedanke daran ist zuviel. „Du musst drängeln und schieben. Anders kommst du nicht rein" lacht das Mädel und drückt stärker nach vorne. Ihr Freund macht noch einen abwertenden Kommentar zu „diesem straßenuntauglichen Vehikel", dann steigen wir ein.

Der Bus ist verdreckt, die Sitzpolster aufgerissen und die Scheiben beschädigt. Aber er fährt! In vierzig Minuten bringt er mich bis zur Endstation gegenüber dem Castillo de Jagua – und das für nur einen Peso. Das sind umgerechnet vier Cent, staatlich alimentiert, versteht sich. Zu jeder Zeit lässt sich überall und irgendwo ein Stück vom Sozialismus erkennen.

Sechsundneunzig Menschen betreten nach der kurzen Fährüberfahrt das andere Ufer. Die Bootsbesatzung nicht mitgerechnet. Ich habe sie nicht alle gezählt. Aber woher ich das so genau weiß? Nach mir war Schluss, die kubanischen Jugendlichen sollten geduldig sein. Spanisch kann ich immer noch nicht, auf der kleinen Blechtafel im Fahrgastraum jedoch stand: max. 96 pasajeros (Fahrgäste). Eine Überschreitung sollte nicht denkbar sein in einem Land, in dem die Diktatur des Proletariats regiert, zumindest der staatlichen Ordnung nach. Ob sie wirklich alle gezählt haben?

Klein und unscheinbar erwartet mich das Castillo, das aussieht wie eine verfallene, mittelalterliche Burg in der Heimat. Ein hohes gewölbtes Tor führt in den weiten Burghof. Auf einer Seite erblickt man Ruinen, auf der anderen Reste der Burgmauer, die die Zeit überdauert haben, auch wenn zwischen ihnen nun Unkraut wuchert. Ein Blick reicht, und alle Piratengeschichten tauchen auf, die ich als Kind verschlungen habe. Dicke, unüberwindbare Mauern, hohe Schutzwälle gegen Seeräuber, ein kleiner Turm mit Schießscharten, umgeben von einem Burggraben und einer Zugbrücke. Passend dazu einige alte, verrostete Kanonen, die schon lange nichts mehr zu verteidigen haben.

Ich war schon hier, da wusste ich gar nicht, dass ich jemals nach Kuba reisen würde. Es war in jungen Jahren, die Mauer war gefallen und ich hatte meinen ersten ATARI. Vor zwanzig Jahren galt „Pirates“ als Meilenstein der Computerspiele, ein Game, das im 17. und 18. Jahrhundert das karibische Piratenleben thematisierte. In der Rolle eines jungen Freibeuters konnte man zum gefürchtesten Piraten der

Karibik aufsteigen und virtuellen Ruhm erlangen, wenn man nur genug kämpfte, Schiffe versenkte und Städte eroberte. Stundenlang habe ich gezockt, auch Nächte durch und meist von früh bis spät. Das mit Gold vollgestopfte Havanna war oft in meiner Hand, nein, die Spanier hatten nie viel zu melden. Mit mir als Chefpirat wäre die Geschichte völlig anders verlaufen. Entweder wäre Kuba mit mir untergegangen oder heute noch eine britische Kolonie.

Nun, ich stehe momentan leibhaftig davor. Die Festung erscheint viel, viel kleiner und hat längst nicht diese Ausmaße, wie es bislang der Film im Kopf abspielte. Ein Mitarbeiter erklärt in passablem Englisch, wie die Festung früher verteidigt wurde und wo die 100 Soldaten wohnten, die die Bucht Cienfuegos gegen unliebsamen Besuch schützten.

So sieht also die Wirklichkeit aus. Immerhin, mit ein bisschen Phantasie kann ich mir vorstellen, wie sich die Piratenschiffe von der offenen See her näherten. Wie man die Kanonen von der Festung abfeuerte, wie im letzten „Duell" auf der Burgmauer um den Sieg gefochten wurde. Mit dieser Leidenschaft konnte ich Stunden verbringen und nächtelang um Ruhm und Beute spielen. Es war der Versuch, noch einmal ein Kind zu sein, nur für einen kurzen Moment.

Wohin es wohl die 95 anderen Mitfahrer verschlagen hat? Auf der Festung bin ich der einzige Gast. Bis plötzlich bekannte Gesichter vor mir stehen. Es ist Jadier mit seiner Frau und den beiden Argentiniern, die ursprünglich zu dem Wasserfall fahren wollten. Kurzerhand planten sie um, besichtigen diese Festung und fahren anschließend zum namhaften Strand „Rancho Luna". Komm doch auch mit, schlagen sie vor, es würde mir bestimmt gefallen und sonnig sei es allemal. Sie wissen nicht, dass Strand mich stresst. Eben weil es nichts zu tun gibt, es keine wechselnden Eindrücke gibt und in einer Richtung bis zum Horizont nur Wasser. Eine recht langweilige Angelegenheit.

Kostete die Überfahrt mit der Fähre hinwärts einen CUC, zahlt Jadier für mich den kubanischen Preis von einen Peso. Ich muss nur die Fresse halten und verdammt kubanisch tun. Auf diese Weise gerate ich ebenso kostenlos an den schönen kleinen Sandstrand. Der einzige Zugang führt gewöhnlich durch das Touristenhotel „Rancho Luna" und die stiernackigen Türsteher berechnen an der Absperrung fünf CUC pro Person. Ein paar Worte von meinem Vermieter und alle Fragen sind geklärt. Nur gut, dass er auch hier das Wort führt, denn sehr diskussionsfreudig sehen diese Typen wahrlich nicht aus.

Faul in der Sonne liegen und Wellen zählen oder Sandkörner. Welch sinnfreie Beschäftigung! Es gibt nichts zu tun. Am Horizont entdecke ich ein kleines Schiff und male mir aus, es sei eine Piratenfeluke wie im Mittelmehr. Sofort bin ich Feuer und Flamme, phantasiere und entere andere Schiffe. Die stechende Nachmittagssonne wird von Stunde zu Stunde unerträglicher. Was soll ich auch sonst von einem Strand erwarten? Er liegt am Meer, es gibt eine Strand-Bar, der Sand ist meistens weißgelb und leicht wie Pulver. So sind eben Strände. Vorwiegend sandig. Nein, ich bin kein Sonnenanbeter, ich habe keine Badehose eingepackt und auch kein Handtuch dabei. Genussvoll ist nur der Anblick großer Möpse, knackiger Ärsche, endlos langer Beine. Stundenlang dasselbe Bild. Bis zum Horizont und noch ein kleines Stück weiter.

Ende des Traums. Wieder zurück in der Gegenwart, die Wirklichkeit bleibt gleichwohl reizvoll. Jadier lädt mich erst zu einem einfachen Hamburger ein, verlangt dann ebenso wenig für die Rückfahrt. Mit amerikanischen Oldtimern kenne ich mich nicht aus, kann nur sagen, dass mich die Sonne auf dem Lack leidenschaftlich blendet und am Heck einige Roststellen die Jahrzehnte nicht verbergen können. Beim Einsteigen überstreift meinen Nacken zunächst ein wohliger, darauf ein unbehaglicher Schauer. Es riecht verstörend nach Öl und altem Teppich, etwas modrig, aus dem Dunstkreis der Vergangenheit. Dann geht es los. Die Karosse seines alten Straßenkreuzers wankt und schwankt in den Kurven, eine Fahrt wie in einer Hollywood-Schaukel. Sanfte Beschleunigung, harte Bremsen, Fahrtwind wirbelt in die Haare, ich genieße den Moment und lasse die Argentinier übersetzen: Wie alt ist der Wagen? Und wie viele Kilometer schon unterwegs? Jadier schmunzelt und schüttelt fast schon entschuldigend den Kopf. Seine Antwort bedeutet Ernüchterung. Er weiß es nicht, der Wagen sei ja älter als er, aber er fährt noch, allerdings schon mit dem dritten oder vierten Motor. Die Träume zerplatzen wie Seifenblasen. Alles nur Show, nur Illusion. Unter der Motorhaube versteckt sich kein Acht-Liter-Chevy-Motor oder so etwas in der Art, es ist tatsächlich nur ein relativ moderner Mitsubishi-Diesel, der seinen Dienst über der Vorderachse versieht.

Ich bin hingerissen von der Fahrt und voll Euphorie. „Tu amigo!" lächelt er und drückt meine Hand. „Encantado" antworte ich und bin erfreut, hier so herzlich aufgenommen zu werden. Nach den Erlebnissen in Viñales war das nicht unbedingt zu erwarten. So macht das Reisen wieder Spaß! Ob er eine angenehme Unterkunft in Trinidad kenne?

Leider nein. Mir bleiben nur die „Geheim-Tipps", die mir Frank in Havanna gab. Er dreht die Visitenkarten in der Hand, reicht sie an Norma weiter, die meint, diese Namen wären keine Unterkünfte und die Telefonnummern nicht echt. Von Zenaida in Havanna erhält sie eine Adresse, wo ich mich morgen melden solle. Nein, so richtig gefällt mir das nicht, zu sehr machen die Casa-Betreiber gemeinsame Sache, jeder kennt jeden. Der Urlauber wird wie ein Wanderpokal weitergereicht.

Und das sind hierfür die Rahmenbedingungen: Ein Kubaner darf in einer Casa particular maximal zwei Zimmer an je zwei Personen vermieten. Der kleine privatwirtschaftliche Ansatz, der durch viele staatliche Zwänge geregelt wird, ist ein traumhaftes Geschäft für die Casa-Besitzer. Der Staat um Fidel Castro erfasst penibel die Zimmerbelegung, kassiert von jeder Übernachtung die Hälfte und weiß später genau, wo sich die Traveller aufgehalten haben. Freies Reisen ist unmöglich. Kubas größte Devisenquelle sind mittlerweile die ausländischen Touristen, und die werden generalstabsmäßig überwacht und kontrolliert. So wie in einem modernen Wirtschaftsunternehmen. Wer will hier nicht gerne und einfach mitverdienen? In Vinales konnte ich es bei Mireilla sehen, vorgestern berichteten Marie und Jenny davon, dass die Leute lieber an der Bar arbeiten und ihren früheren Job als Uni-Professor aufgeben, um an notwendige Devisen zu gelangen. Viele Berufstätige und gut ausgebildete Fachkräfte wandern auf diese Weise in den florierenden Tourismus ab. Wie Norma erzählt, gab auch sie ihren Beruf als Ärztin auf und lebt heute nur noch von den Einnahmen aus der Zimmervermietung. Eine seltsame Besonderheit im kubanischen Sozialismus, wo ungelernte Barkeeper problemlos mehr verdienen können als studierte Ärzte.

Bis zum Abend hänge ich den Gedanken nach und ordne die Masterfestplatte im Hirn. Ein kleiner Abschiedsgruß lag gestern noch von den Holländern auf dem Tisch, die für den schönen Abend danken. Einen Special-Tipp dazu, ich solle in einer Coppelia unbedingt „ensalada mixta" probieren, das kostet 4,75 Pesos und sei dort „very tasty" und sehr kubanisch. Ich werde mich überraschen lassen, was an dem gemischten Salat so besonders sein soll.

Der Wind frischt auf und spült Seeluft durch die Straßen. Schnaufend geht es den Prado entlang. Schnaufend, weil ich mehrfach stehenbleiben muss, um nach Luft zu schnappen. So schön es vorgestern Abend war, es war zu kalt und ich habe mir tatsächlich eine kleine Erkältung eingefangen. Jetzt noch eine Zigarre und ich sage adiós Kuba. Also langsam weiter. Endlich ein Schild mit der Aufschrift „COPPELIA". Pendeltüren wie bei einem Warenhaus, der Boden ist gefließt und das Ambiente hat die Atmosphäre einer Schulspeisung. Der Laden ist voll und fast alle Tische besetzt, eine Kellnerin stürzt hastig vorbei. In der Ecke stehen kleine Zimmerpalmen, allerdings sitzt man auf harten Plastik-Stühlen und kaltes Licht aus Leuchtstoffröhren raubt das letzte Stück Atmosphäre. Als die Bedienung zum zehnten Mal ohne Reaktion an mir vorbei rennt, rufe ich dann doch etwas lauter. „Hola, por favor." Ich reiche ihr den Zettel von Jarik, doch sie schüttelt nur bedächtig den Kopf. Ihr Blick durchdringt mich. Tatsächlich, sie bedauert mit einem Lächeln! „Con kaque" (mit Keksen) gibt es heute nicht mehr. Nun, wo ich einmal hier bin, soll sie mir etwas anderes auftischen.

Der kleine Uhrzeiger steht über der neun. Am Nachbartisch und auch an allen anderen Tischen sitzen Kinder. Überraschend viele kleine Kinder mit ihren Familien, ihren

Freunden, ihren Brüdern und Schwestern, die johlen, laut lachen und einen Heidenlärm veranstalten. Ein kleiner Junge blickt her, schaut weg, dreht sich wieder um, erwidert schüchtern mein Lächeln durch kleine Zahnlücken. Dann versteckt er sich hinter seiner Mutter, die mich mit schnellem Blick taxiert. Sollten kubanische Kinder um diese Uhrzeit nicht besser schon im Bettchen liegen und von einer Gute-Nacht-Geschichte träumen?

Wenig später schaut die Bedienung gequält freundlich und stellt mir eine einfache Aluminiumschale vor die Nase. Die Überraschung steht mir ins Gesicht geschrieben, als sich darin fünf Kugeln Eis stapeln. Meine Mundwinkel zucken, doch mir fehlen die Worte. Fünf Kugeln Eis? Nun erklärt sich auch das Kindergeschrei. Leckeres Eis, das können die Kubaner! Eis in allen Variationen. Wer in einer „Coppelia" sitzt und „ensalada mixta" bestellt, schlemmt über kurz oder lang aus einem gemischten Eisbecher. Kein frischer Salat, darauf muss ich weiter warten, wie auch auf die Rechnung.

Die Bedienung huscht emsig am Tisch entlang, greift wortlos nach der leeren Schale. Kein Blick, keine Frage, keine Reaktion. Wieder ist Geduld meine Antwort. Ich warte, wie so oft schon in den vergangenen Tagen, wann der nächste Dominostein fällt. Nicht zu lange und heute in Form grinsender Zahnlücken, die kleine geöffnete Hand in Reichweite. Dunkle Kinderaugen blinzeln, werden größer, tanzen im Dreieck und strahlen über zehn Cent, halb so viel wie der Eisbecher kostet.

Gestern Piraten, heute Jineteros

Wieder Rucksack schnüren. Das nervigste am Reisen ist eindeutig das ständige Ein-, Aus-, Umpacken. Ein Leben als Hotel-Nomade wäre definitiv nichts für mich. Ich bin gerne an einem Ort, auch für längere Zeit, sofern die Gestaltungsmöglichkeiten meine Neugier befriedigen und Abwechslung geboten wird. Ich entdecke gerne neue Seiten an der Welt und so auch an mir. Das ist die Würze in der Existenz eines Reisenden, die Essenz meines Lebens.

Mit fröhlichem Gesicht verlasse ich beschwingt die Habitacion von Norma. Auf jeden Fall eine Empfehlung wert! Sie legt mir noch ein Restaurant in Trinidad ans Herz, das ihrer Verwandtschaft gehört und wünscht eine gute Weiterreise. Schnell erhalte ich am Busbahnhof ein Ticket und muss mich noch eine Stunde in Geduld üben. Mein Blick schweift über die wartenden Busse, manche moderner und nur für Touristen, daneben einige ältere und heruntergekommen, in die nur Kubaner einsteigen. Ausländer erhalten hier keine Mitfahrgelegenheit, was das kubanische Beförderungsproblem nicht verringert. Die Fahrt in einem solchen Bus kostet wie gestern nur einen Peso. Touristen sollen wie überall mit teuren Devisen zahlen. Abseits der modernen Touristenbusse, etwas an den Rand gedrängt, steht ein LKW mit überdachter Ladepritsche, vor dem gottergeben eine Menschentraube wartet. Zum Einsteigen erklimmen die Fahrgäste eine einfache Leiter, um anschließend wie in einer Sardinenbüchse gedrängt noch einen Stehplatz zu ergattern. Nein, einen Vergleich mit Tiertransporten will ich nicht anstellen. Zu beschämend ist dennoch der Gedanke, dass ich als Tourist das Besondere genieße, den Luxus im klimatisierten Reisebus mit seinen getönten Scheiben und weichen Sitzen, von dem die Einheimischen nicht zu träumen wagen. Und damit dennoch nicht glücklich bin. Die Scheiben sind schon wieder von innen beschlagen, Strickjacke und Schal stecken heute unerreichbar im Rucksack. Im Viazul-Bus, das ist die teure Devisen-Linie für Touristen, wird es erneut so eiskalt, dass ich fürchte, Trinidad als Eisblock zu erreichen. Drei weitere Deutsche steigen mit mir ein, von denen einer ein St.Pauli-Weltpokal-siegerbesieger-T-Shirt trägt.

Touristen sind bisweilen schnell einzuordnen, woher sie kommen und aus welchem Kulturkreis sie stammen. Zum Beispiel gestern im Bus: Was wollte mir tatsächlich der junge Berliner Geschichtsstudent damit sagen, wenn er im Urlaub ein T-Shirt mit einem lächelnden Kinderschokoladen-Logo trägt? Und was damit den Kubanern? Ohne Kakao und Milch bleibt man dumm wie Brot? Oder das typische Ché Guevara-Shirt, das einem andauernd begegnet. Die politische Einstellung ist eindeutig, in Kuba freilich alles andere als einfallsreich. Am peinlichsten sind die Shirts mit DDR-Aufdruck, deren Träger mit rückwärtsgewandtem Blick durch Havanna laufen. Darunter könnte stehen: Diktatur grüßt Diktatur. Aber was für ein Spaßvogel, der heute vor mir sitzt! Nur weil St.Pauli vor Jahren in der Bundesliga einmal gegen München gewann. Jetzt eine Unterhaltung mit einem Anti-Bayern-Fan? Nein, darauf habe ich so gar keine Lust.

Schwarze Augen, sanftes Lächeln, volle Lippen, ein Regenbogenkleid. In Trinidad hält ein drahtiger Kubaner ein Schild mit meinem Namen hoch, der neben dieser dunkelhaarigen

Schönheit steht. Ich werde erwartet, das ist ein toller Moment. Leider nicht von ihr, denn sie nimmt zwei behäbige Engländer an ihre Seite. Gerne würde ich mir ihre Unterkunft anschauen. Oder eine andere, so viele Visitenkarten, wie mir hoffnungsvoll unter die Nase gehalten werden.

Wortlos führt mich das Ein-Mann-Empfangskommiteé über Trinidads Marktplatz, vorbei an aufgehübschten Häusern, durch enge Gassen und lange Wege. Die gestern vorgeschlagene Casa liegt abseits vom Zentrum und wird leider wie im schlimmsten Fall befürchtet: wahnsinnig teuer! Die Hausherrin beharrt auf 30 CUC, zeigt ihr lebloses Grinsen und blickt kalt – wie ein toter Fisch in der Antarktis. Da klangen die Angebote, die mir eben zugerufen wurden, ganz anders im Ohr.

Widerwillig folge ich in ein einfaches Zimmer. So einfach, dass es einfach langweilig ist. Zwei kleine Bilder hängen an den vergilbten Wänden, ein Tisch, ein Stuhl, die Matratze ist hart, Toilette und Bad außerhalb und schwere Vorhänge halten den Raum in einem düsteren Licht. Vieles erinnert plötzlich an Viñales. Nein, bitte nicht noch einmal!

Bevor ich mich „häuslich" niederlasse, suche ich anhand der Visitenkarte von Frank schnurstracks dessen empfohlene Unterkunft, von der er so angetan war. Ein kleiner, freundlich blickender Mann öffnet die Tür, und als ich Frank erwähne, blitzen seine Augen. „Si, si, Frank, el alemane." Er strahlt über das ganze Gesicht. Zwar ist heute kein Zimmer mehr frei, erst ab morgen, aber ich könnte reservieren.

Frohgelaunt spaziere ich zurück. Ich liebe es, wenn ein Plan funktioniert! Das falsche Lachen der Frau kann mir nun egal sein. Nein, hier mag ich kein Abendessen. Schon gar nicht für zehn CUC, und nein, auch nicht für acht. In gewissen Momenten muss man auf seiner Linie bleiben.

Und die heißt für heute: Ich unterwerfe mich nicht dauernd der Tourismusindustrie.

Im Sonnenschein flaniere ich durch enge Gassen, werde von schiefstehenden Häusern erdrückt, stolpere über große Pflastersteine, kann mich kaum dem Charme des Plaza Mayor entziehen, diesem Postkartentraum des UNESCO-Welterbes Trinidad, den jeder Tourist früher oder später zu Gesicht bekommt. Ohne die Busladungen ungezählter Urlauber erscheint das Städtchen verschlafen und verträumt. Vor knapp 500 Jahren wurde Trinidad gegründet, auch von mir „als Pirat" virtuell überfallen und ausgeraubt.

Hinter einer schweren Holztür führt der Weg hinab in eine Taverne und wie durch einen Schleier sehe ich schlagartig Bilder aus vergangenen Jahrhunderten. Spanische Soldaten versoffen hier ihren Sold, zechten auf Rumfässern und liebten Huren und in dunklen Ecken heuerten Piraten für den nächsten Beutezug an. So wird es gewesen sein. Heute nicht mehr. Die Soldaten sind den „Touristenhorden" gewichen, die Seeräuber den Jineteros. Wo früher Piraten die Kaufleute überfielen, werden heute die Touristen geplündert und ausgenommen. Ich kreuze durch die Straßen, treibe ziel- und planlos umher und betrachte das Leben in den Gassen, sauge Bilder auf, die im nächsten Moment schon Vergangenheit sind.

„Du findest Kuba langweilig?" blicke ich fast schon entsetzt zu Jürgen, eigentlich Juri und in Russland geboren, der ebenso alleine reist und überlegt, eine Woche früher wieder nach Hause zu fliegen. Er kramt im Rucksack und reicht mir eine Dose „Bucanero", kubanisches Bier. Auf Kuba!, proste ich ihm zu. Jürgen ist Ende Zwanzig und einer von den drei Deutschen, die in Cienfuegos in den Bus stiegen. Nein, mit Partyurlaub wie in Ibiza habe er nicht gerechnet. Aber in Kuba sei zu wenig los und die Zeit stünde hier einfach still. Er nimmt einen kräftigen Schluck. Zudem nervt ihn das regelmäßige Warten, damit es überhaupt voran geht. Das endlose Organisieren und Planen der nächsten Fahrtmöglichkeit hemmt die Reiselust. „Jetzt entscheiden, wo ich hinfahren will, das ist ohne Auto oder Mietwagen unmöglich. Mindestens am Vortag muss das Busticket reserviert werden." Ich stimme ihm zu, von Freiheit bei der Planung keine Spur. Und was ist, wenn einem am Abend nach der Buchung die Traumfrau im Mondschein begegnet? Nun, ein schwacher Einwand. Das vergebens bezahlte Busticket sollte sie wert sein. Er lacht ein lautes Lachen und wischt mit dem Handrücken den Schaum vom Mund.

Zwei Straßen weiter, die Bekannten von Jürgen kreuzen meinen Weg. Alex, das ist der mit dem St.-Pauli-Shirt und Sina, seine Freundin, sind aus Hamburg und beide Punks, wie sie mehrfach betonen, was schon mal alles und nichts aussagt. Am zentralen Plaza Mayor sonnen wir uns auf einer Treppe, und sie geben schnell eine angenehme Bekanntschaft. Trotz meiner wenigen bis nicht vorhandenen Zuneigung für Punks. Doch das behalte ich vorerst für mich.

Recht freimütig erzählt Alex von der Ankunft und ihren ersten Erlebnissen. Geld tauschten sie nicht am Flughafen, weil es ihnen zu teuer erschien. In Havanna waren jedoch bereits alle Banken und Geschäfte geschlossen. Als käme er aus dem Nichts, stand plötzlich ein kleiner, schmaler Kubaner vor ihnen und bot an, etwas Geld zu wechseln. Sie waren sich nicht sicher, doch der Typ war nett, hatte eine gepflegte Frisur und sie dachten nicht im Traum an eine Falle. „Vom Tausch Euro in CUC wusste ich aus dem Reiseführer" berichtet Alex und blickt zu Sina, als hoffe er auf ihr Verständnis. „Er fuhr mit uns durch ganz Havanna, so hatte es den Anschein, verlangte nichts dafür. Wir hielten in einer schmalen Seitengasse, tauschten 300 Euro. Der Typ lächelte unentwegt. Er machte einen Spaß wegen meiner zerrissenen Hose und zeigte uns noch eine Bushaltestelle, von wo wir in die Innenstadt zurück fuhren. Es waren so viele Eindrücke auf einmal. Dann verschwand er zwischen tiefen Häuserschluchten." Zornig blickt Alex in den Himmel, als ob er dort die Antwort für die eigene Dummheit finden würde. „Die Scheine waren schon etwas abgegriffen, aber es stand Cuba drauf und er bezahlte damit den Taxifahrer und wir ebenso im Bus. Erst am Abend in der Unterkunft sagte man uns, dass dies nur Pesos sind. Keine CUC, nur hunderte billige Pesos, für die man nichts bekommt!" Er verdreht die Augen und es ist zu spüren, wie sehr es in ihm kocht. „Nichts außer billigen Zigarren haben wir dafür bekommen" schüttelt er den Kopf und fasst sich an die Stirn. „Zigarren für 300 Euro ..."

Der volle Mond wirft einen silbernen Schatten über Trinidad. Wir treffen Jürgen wieder, der schlürft am Marktplatz einen Mojito, umringt von einhundert Prozent Touristen. Eine Musik-Kapelle sorgt nebenbei für lautstarkes karibisches Flair. Das sind einhundert Prozent Kuba. Ungewollt jagt ein Dejavue das nächste. An Indien und Kochin oder an Vietnam und Nha Thrang. Eine Erinnerung an jene Orte, wo die Tourismusindustrie versucht, das jeweilige Landesgefühl in Gold zu wandeln. Übertrieben regional und vollständig klischeebeladen, wo sich die Einheimischen wie in einem fremden Land vorkommen. Das einzig „Gute" daran sind die Devisen, die dem kubanischen Volk eine Zukunft geben. Sofern sie daran teilhaben. Der Blick in den Sternenhimmel zeigt die endlose Weite der Gedanken und das befreite

Lächeln auf dem baldigen Heimweg einen Sieg über das touristische Einerlei.

Wie erwartet war das Schlafen hier grässlich. Noch dazu das aufgesetzte Lachen der Hausherrin und der Tag kann nicht schlechter beginnen. Sie versteht auch partout nicht, weshalb es mir hier nicht gefällt. Wie lange ich in Trinidad bleibe? „Ja nje snaju" verwirre ich sie. Das ist russisch und heißt: Ich weiß es nicht. Nur gut, dass ich sie auch nicht verstehen kann, wenn ich nicht will. Auf die Frage, ob ich schon eine andere Habitacion, also eine Unterkunft, habe, lache ich ebenfalls ganz breit. „Si, si!" Schnell spielt sie die beleidigte Señora und weist den Weg zur Tür. Danke, den finde ich nun auch alleine. Nein, es geht mir nicht allein nur ums Geld. Vielmehr ist es die fehlende Herzlichkeit, dieses Sterile, das fehlende Interesse am Menschen, das diese Casa so leblos macht. Wie ein Tiefkühlfisch im Gefrierfach. Es erinnert an bösartige Abzocke in anderen Ländern, an Unterkünfte, die keiner Beschreibung bedürfen, wenn man sich die mieseste Absteige mit dem winzigsten Zimmer als Schlafstelle vorstellen kann. Wo Ratten über den Flur flitzen und die gesamte Hotelrezeption unbeteiligt schaut, nachdem bereits bezahlt wurde. Der zufriedene Gast – dein täglicher Feind. In späteren Jahren, ich reiste durch Myanmar, das nach Jahrzehnten der Militärdiktatur den Tourismus entdeckte und für den Besucheransturm noch keine entsprechenden Hotels anbieten konnte, waren – angeblich – alle der wenigen vorhanden Betten ausgebucht. Erst der stumm geforderte tiefe Griff in die Jackentasche, der ein Bündel Dollarnoten hervorbrachte, brachte die Augen an der Rezeption zum Leuchten. Und mich doch noch in ein schäbiges Quartier für ein paar Stunden, für 40

Dollar zwischen unhygienischer Toilette, beflecktem Laken und Maus hinter dem Kühlschrank. Vom Hotelmanager bis zum Serviceboy – keine Antwort, keine Abhilfe, keine Reaktion. An der Rezeption zählten nur Dollars inmitten einer sonst sehr herzlichen Gesellschaft.

Bei Don Fernando, so möchte ich ihn nennen, eine völlig andere Schwingung. „Hola Reiko!" grüßt er mich fröhlich und rollt das „R" so charmant, dass ich meinen Namen noch viel lieber hören mag. Leider kann ich nicht bei ihm wohnen, da eine andere Touristin bis morgen verlängerte, aber gerne bei seinen Verwandten im Haus um die Ecke.

Über schmale Treppen führt die tiefschwarze Haushälterin in den zweiten Stock. Ein Sonnenstrahl streift durch das angelehnte Fenster und malt ein Muster auf den gefliesten Boden. Das Zimmer ist im ersten Moment finster, im Vergleich zur letzten Unterkunft noch spartanischer eingerichtet. Dennoch, da bin ich mir sicher, so muss eine Piratenhöhle ausgesehen haben! Nur zehn Quadratmeter groß, von der vergitterten Tür führt der Weg zu zwei Terrassen, die einen weiten Blick über Trinidad bieten. Auf gepflasterte Straßen, auf die mit roten Ziegeln gedeckten Hausdächer, zu barocken Kirchtümern und zu den hochherrschaftlichen Palästen. Als wäre die Zeit stehengeblieben, mehrere Jahrhunderte zurück, bis weit in die Vergangenheit.

Hundert Meter die Gasse entlang zu Alex und Sina, wo Jürgen schon wartet. Gemeinsam haben wir uns zu einer Fahrt in den Nationalpark verabredet. Dafür benötigen wir einen Mietwagen, im besten Fall einen Oldtimer, der leidenschaftlich in der Sonne glänzt. Bis auf Sina würde jeder fahren, aber keiner hat den Führerschein dabei. Bleibt nur ein Taxi. Oder ein Privatwagen mit Fahrer, den wir mangels Sprachproblemen jedoch nicht organisieren können. Wieder zurück zu den Taxen. Die staatlichen Taxifahrer wollen nicht handeln, oder besser: Sie bleiben unnachgiebig und beharren auf ihren festgesetzten Preis. Vor den Privaten wurden wir gewarnt, die seien zwar billiger, jedoch die Fahrt mit ihnen in den Nationalpark nicht ungefährlich. Oft fahren sie nicht bis zum Eingang und verhandeln dann noch einmal.

Wir schauen uns an, jeder zückt einen Zehner, dann geht es los, raus aus dem Touristengedränge, rein in die weite, graubraune Landschaft. Palmen wiegen am Straßenrand, der Fahrtwind verwirbelt den Staub und nach der nächsten Ortschaft werden wir auf eine schmale Straße entlassen, die in die Berge der Sierra de Escambray führt. Der Wagen windet sich in Serpentinen immer höher. Eine überragende Aussicht jagt die nächste. Die Berge im „Gran Parque Natural Topes de Collantes" sind bis 800m hoch und, wie immer, wenn ich Berge sehe, wunderschön. Anmutig der Ausblick beim Fotostopp auf halber Strecke, über steile Gipfel und dichte Baumkronen bis zum flachen Strand, wo die Wellen des karibischen Meeres an der Bucht von Trinidad schäumend brechen.

Der Schlagbaum senkt sich hinter uns. Auf der Rückseite der „Eintrittskarte" sind die üblichen Verhaltensregeln als Piktogramme aufgezeichnet. Kein Feuer machen, nicht zelten, keine Blumen pflücken und Müll in die Abfall-behälter! Eben das, was man von den Besuchern eines Nationalparks erwartet. Einige hundert Meter fährt der Taxifahrer noch weiter, wartet dann, bis wir am Nachmittag wieder zurück sind. Zwei leere Wasserflaschen liegen im Fußraum. Kurzerhand greift er danach und wirft sie mit flinkem Wurf in die Botanik. „Hey," werde ich in diesem unfassbaren Moment laut, „no garbage in the forest. Fetch back the bottles!" Erschrocken blickt der Fahrer auf, holt die Plastikflaschen aus dem Gebüsch und quittiert meinen „strafenden" Blick mit gesenktem Haupt. Ich will mich nicht als kubanische Umweltpolizei aufspielen. Und ebensowenig sechs Euro Eintritt zahlen, wenn die Kubaner ihr UNESCO-Welterbe nur als Mülldeponie betrachten.

Wir wandern los, tauchen immer tiefer in eine berauschende Landschaft ein. Hohe Luftfeuchtigkeit, Gewächshausklima, der Weg wird schmaler, der Dschungel dichter. Durch das Blätterdach der Bäume werfen die Sonnenstrahlen ein Meer aus Licht und Schatten. Tausend verschiedene Schattierungen treffen sich, veranstalten ein leuchtendes Farbenballett. Zwischen sonnengelb und frühlingsgrün bis rostbraun ist jede Farbnuance vertreten. Vögel zwitschern, Grillen zirpen, Palmen wiegen sich im Wind, wir wandeln unter dem Blätterdach der hohen Bäume. Uns begleiten ständig wechselnde Geräusche. Schmetterlinge tanzen Auf und Ab, eine Libelle schwebt langsam davon. Nach gut einer Stunde erreichen wir einen von zwei Wasserfällen, die zur Regenzeit gewaltig über eine hohe Felswand in die Tiefe stürzen, im März allerdings nur zu einem spärlichen Rinnsal verkommen. Immerhin, es ist kristallklares Wasser, das einen kleinen Bergsee bildet und zum Baden einlädt. Ein sehnsüchtiger Blick auf die sich spiegelnde Oberfläche. Ein zauberhaftes Fleckchen Erde. Ich bin mir sicher, der Garten Eden muss irgendwo in den Bergen der Escambrey gelegen haben. Nur gibt es keine Eva, die diese Gelegenheit teilt. Als erste steigt Sina ins Wasser und nachdem auch Alex ebenfalls im eiskalten Nass schwimmt, will ich in gleicher Weise an diesem Erlebnis teilhaben und springe hinterher, genieße schwimmend dieses grandiose Panorama.

Entspannt liegen wir anschließend im Schatten unter hochhaushohen Palmen und träumen uns in den wolkenlosen Himmel. Sina, die sich auf ihrem Handtuch ausgebreitet hat, schwärmt von der tollen Landschaft und der grünen Insel Kuba, erzählt begeistert vom kubanischen Landwirtschaftsbau. „Aufforstung, Naturschutz und weitgehend ohne chemischen Dünger, das ist die Zukunft", überzieht sie ihre Gedanken mit Hoffnung und sieht das sozialistische Kuba dabei in einer Vorreiterrolle. Es war die Krise in den Neunzigern, die die Tür in eine ökologische Zukunft weit, weit aufstieß.

„Weshalb gibt es das nicht in Deutschland?" Sie erwartet nicht wirklich eine Antwort darauf. Ich gebe ihr dennoch Kontra. Wenn ich mich recht entsinne, so erklärte mir Steffen in Havanna, der hier ein halbjähriges Praktikum für sein Ökologie-Studium macht, musste sich Kuba gezwungenermaßen nach dem Zusammenbruch der Sowjetunion von der Lieferung aller chemischen Düngemittel verabschieden. Das Land war Anfang der Neunziger durch den Zusammenbruch des Ostblocks und Wegfall der meisten Handelsbeziehungen abgeschnitten, es gab keine Einfuhr von Agrarchemie, keinen Kunstdünger, wenig Futtermittel, kaum Erdöl für Traktoren. Besonders die kubanische Landwirtschaft stand vor enormen Herausforderungen. Um der folgenden Nahrungsmittelknappheit zu begegnen, so erläuterte Steffen, förderte die kubanische Regierung daraufhin neue, organische landwirtschaftliche Verfahren. Zudem wurde durch die Verwendung von Ochsengespannen Treibstoff eingespart. Das sind zwei Schritte zurück und noch einen weiteren bis zum Beginn der Zivilisation. Und gleichzeitig vorwärts, vorwärts, hin zur Einführung und Produktion von Naturdünger und Erforschung biologischer Methoden der Schädlingsbekämpfung. Für Umweltschützer war dieses Projekt natürlich ein Triumph grünen Denkens und ökologischer Innovation, weshalb sich der ökologische Landbau hier auch am Besten studieren lässt. Es wird sich zeigen, ob im Sozialismus bislang verborgene Talente schlummern.

Vielleicht hat es jedoch nur den Anschein, dass Kuba durch Überzeugung so grün wurde. Aus Mangel an Ressourcen gibt es kaum Transport, nur begrenzt Energie, keine Werbung, keinen Prestigekonsum und auch sonst nur wenig Konsum. Die Müllcontainer sind leer, weil so gut wie alles repariert, verkauft, eingetauscht oder an Schweine verfüttert werden kann. Ganz ähnlich dem ersten vierzigjährigen Versuch eines sozialistischen Staates auf deutschem Boden. Dort wurde zwar so gut wie alles aufs Feld gesprüht, um den Ertrag zu erhöhen - allerdings ebenso fast alles wiederverwertet. Die beiden Hamburger sind von der grünen Landwirtschaft begeistert, wollen den kubanischen Mangel jedoch nicht akzeptieren. In ihren Augen gibt es hier doch alles zu kaufen. Sina blickt schnippisch und verwechselt dabei offensichtlich ihr Dasein als Touristin mit dem fortwährenden Überleben einer kubanischen Großfamilie. „Moderne Technologie wird eben mit traditioneller Naturheilkunde kombiniert." Aus ihrer romantischen Gefühlsduselei findet sie nicht mehr heraus. Sie erträumt eine Welt und verschleiert zugleich - wie die mittelalterliche Kirche, für die die Erde sehr lange noch eine Scheibe war.

Mit dem Taxi zurück nach Trinidad und dort beginnt sofort das bekannte Spiel. „Casa? Taxi?" Ein ganz gieriger Zeitgenosse spricht jeden von uns nacheinander an: „Taxi? Havanna?" Sehr witzig. Ich könnte mit geschlossenen Augen durch die Straßen wandeln und würde angequatscht. Die Nervbacken warten jedes Mal, bis man auf einen Meter heran ist. „Ksss, ey, brauchst Du?" kommt mir der Gedanke an das Frankfurter Bahnhofsviertel in den Sinn. Abends gesellen sich die Frauen dazu, die abwechselnd „Dinner?" und „Paladares?" raunen. Ein Paladares ist ein Privatrestaurant, bietet Abendessen wie in einer Casa, nur öffentlich für alle Touristen. Auch hier kassiert der Staat kräftig mit.

In meiner Unterkunft gibt es außer Frühstück nichts zum Essen. Bewaffnet mit zwei Reiseführern geht die Suche los. Von A nach B und von C nach D. Ein einziges Auf und Ab im Planquadrat. Kreuz und quer, im Halbkreis zurück und wieder von vorn. Entweder sind die ausgesuchten Restaurants oder Paladares noch geschlossen, nicht zu finden oder sie existieren nicht mehr. Eine Frau wird angesprochen, die ihre Tochter vorschickt, sie solle an der Tür klingeln und nach einem Abendessen für mich fragen. Die Senora ruft noch etwas hinterher, dann lächelt das zehnjährige Mädchen und hält ihre Hand auf. "Por favor!" säuselt sie leise. Den einen Peso will sie nicht, sie verlangt nach einem CUC, während ihre Mutter in Rufweite steht. Sieht so die kubanische Kindererziehung ein halbes Jahrhundert nach der Revolution aus?

Hier gibt es nichts, ich suche weiter und nach einer Stunde verschlägt es mich mit knurrendem Magen in die Pizzeria „Tosca", einem staatlichen Restaurant, in dem man abwechselnd im Zwei-Tages-Rhythmus mit Moneda nacional bezahlen kann. So auch heute. Und mir werden leider alle Geschichten vorgeführt, die man sich so über die

Staatskellner erzählt: langsam, zuweilen unfreundlich, die Bedienungen würden keinen Widerspruch dulden. Zudem sei das Essen oft eintönig, lieblos aufgetischt und weitere Beilagen mangels Alternative nicht möglich.

Ich stehe vor einer düsteren Spelunke, die offensichtlich vor dreißig Jahren schon renovierungsbedürftig war. Durch vergilbte Vorhänge fällt ein schwacher Sonnenstrahl. Die für ihr Gewicht zu klein geratene Bedienung schaut bereits mürrisch, als ich einen Tisch suche, bequemt sich nach geschlagenen zehn Minuten her und ich – ich verstehe kein Wort. Ich kann auch nicht sagen, was ich will, weil ich es einfach nicht weiß. Zumindest nicht in ihrer Sprache. Sie kramt von tief unten eine Speisekarte (in Englisch) hervor, allerdings die mit den teuren CUC-Preisen. Diesen Satz habe ich jedoch bereits gelernt. „No, no" wehre ich ab. „Esta Moneda nacional! Por favor!" Da betragen die Preise nur einen Bruchteil, kostet die Pizza wirklich nur fünf Peso, anstatt vier CUC. Sie rollt die Augen, verschränkt demonstrativ die Arme und schaut unbeteiligt aus dem Fenster. Ist das nun falsch gespielter Stolz oder das stramme Regiment, von dem berichtet wird?

Eine Viertelstunde später wird eine Handteller große Pizza Käse gebracht, denn was anderes gäbe es nicht. Jedenfalls nichts mit Tomaten. Entgegen der Erwartung muss der Koch heute einen guten Tag haben, es schmeckt wirklich ausgezeichnet. Oder sollte er sich im Tag geirrt haben? Am Nachbartisch sitzen Einheimische vor einem halben Hühnchen mit Salat und Reis und schwarzen Bohnen. Das sieht lecker aus und wäre genug für meinen großen Hunger! Doch die Kellnerin schafft es mit stoischer Ruhe, mich weiterhin nicht zu beachten, meine Gesten nach diesem Essen nicht zu deuten und wie sieben Tage Regenwetter zu schauen. Eine Stunde später bestelle ich im teuren Restaurant „Palace Mayor" – wie eben gesehen – Hühnchen mit Reis. Auf Spanisch: Pollo con rice. Und das für sechs CUC. Im Staatsrestaurant kostete die kleine Pizza wirklich nur fünf Peso. Das ist spottbillig. Ein guter Trick, ohne ernüchternde Nachfrage herauszufinden, ob es sich um CUC oder Peso handelt, besteht darin, die Preise für Bier zu überprüfen. 18 Peso kostete ein Glas Gerstensaft, also umgerechnet 0,75 CUC. So viel wie auch hier. Ich lerne wieder etwas mehr spanisch und nebenbei die Menükarte samt Übersetzung in drei Sprachen auswendig.

Die Nachtruhe war durch die Nähe zum Marktplatz nicht unbedingt erholsam. Selbst Ohropax können betrunkene Touristen nicht ganz unhörbar machen. Der Frage will ich nicht nachgehen, was die Einheimischen wohl von jenen Westweltlern denken, die sich in einem fremden Land so daneben benehmen. Hier ist der Begriff „Horden von Pauschaltouristen" jedenfalls nicht unangebracht.

Da ich leider doch erst morgen bei Don Fernando einziehen kann, die junge Touristin verlängerte um einen weiteren Tag, gestaltet sich der Tagesbeginn eher launisch. Und er wird auch nicht besser, als ich fassungslos vor meinem Teller sitze. Das kann nicht das Frühstück sein, von dem Frank so schwärmte. Ich möchte es als Beleidigung auffassen. Vielleicht ist es eine Vergeltung für den fehlenden Anstand und die Allüren der anderen Touristen? Oder ist es nur das pfiffige Geschäftsgebaren des Vermieters? Fragend blicke ich zur schwarzen Hausdienerin, die energisch den Kopf schüttelt, das sei genau das, was ihr aufgetragen wurde. Drei kleine Brötchen, etwas Butter, dazu Honig und dünner Kaffee. Nein, keine Fruitas oder Saft und auch kein Ei. Kein Vergleich mit anderen Ländern wie Indien oder Thailand, die ebenfalls nicht reich sind, hingegen eine Esskultur vorweisen, bei denen selbst schon einfache Speisen unvergessen und unwiderstehlich bleiben. Für einen leckeren Start in den Tag muss ich hier noch ein paar zusätzliche Kuba-Dollar hinblättern.

Auch heute wird es sonnig und heiß, der Trubel geht in die nächste Runde, ich habe mir einen Day Off auserkoren und fahre mit den anderen an den Strand. Die Hälfte des Urlaubs ist vorbei, Zeit zum Ausspannen. Bei einem Hotel in der Nähe soll es für einen Tag ein günstiges All-inclusive-Angebot geben. So wie es Pauschaltouristen zwei Wochen lang genießen können. Mit Bändchen am Arm und "Rund-um-Verpflegung". Als wir dort sind, werden dafür allerdings 25 CUC verlangt. Von jedem! Kostenlos ist nur das kalte Lächeln an der Rezeption. Wir sind uns einig, das können wir billiger! Die deutschen Goldesel werden hier nicht den Tisch decken. Außer einer Liege sind Sonne, Schatten, Sand und Wasser kostenlos.

Träumend ziehen die Stunden vorbei. Sonne, Meer, Strand, Meer, Sand, mehr ... Palmen. So sieht die Karibik aus! Dazu eine leichte Brise, Wellengang und bis zum Horizont nur azurblau. Soweit das Auge reicht. Die Sonne brennt vom wolkenlosen Himmel, der Sand brennt an den Fußsohlen. Selbst im Schatten ist es noch sehr warm. Der mp3-Player dudelt im Ohr, ich lese im Reiseführerbuch neugierig die Tipps und Tricks, wie man den Einheimischen am besten begegnet. Nein, die Kuba-Dollars werden nicht verteilt, um neue Freunde zu haben. Und mit Pesos wedeln sieht einfach lächerlich aus. Hinweise aus dem Katalog. Ich erinnere mich lächelnd an einen Kurzurlaub in Ägypten, als ich folgende Strategie entwickelte, die erst für Verwirrung und anschließend für Ruhe sorgte. Es ist immer und in jedem Land dasselbe, Touristensprüche prasseln auf einen ein, unzählige Male bereits gehört. „Hello my friend!" Breitbeinig stellte sich mir ein Händler oder Agent in den Weg. Ich beachtete ihn nicht, er lief neben mir her. "My friend, were you come from?" Dies wiederholte sich, bis ich stehen blieb, die Nervbacke mit kühlem, regungslosem Blick anstarrte und so arrogant wie möglich entgegnete: „Stop talking to me, I don't like you! Fuck off, you're not my friend!" Gewiss, das ist nicht nett den Einheimischen gegenüber, aber es hilft, die nervenden Schlepper abzuwimmeln. Und es hilft, nicht von einer in die nächste Touristenfalle gezerrt zu werden.

Ein Sunnyboy eilt auf uns zu, verdunkelt die Sonne und spricht jeden nacheinander an. „Hola, amigo …" was dasselbe ist wie „Hello my friend …" Ich gebe ihm die Chance und lasse ihn gewähren. Ob wir neugierig seien, rattert er viermal seine „Ich-fang-die-Touristen"-Tour herunter. Die schönsten Korallenriffe gäbe es hier zu sehen und die spannendste Unterwasserwelt der ganzen Insel! Entspannt schauen sich vier Augenpaare abwechselnd an, wollen die Eintönigkeit des Nichtstun gerne durchbrechen. Schnell sind wir einer Meinung, sitzen noch schneller mit Taucherbrille und Schnorchel bestückt auf einem Katamaran, um für den halben Monatslohn eines Kubaners einen Blick in das Riesenaquarium Karibik zu werfen. Jedoch weder ein Riff noch ein Schiffswrack, das uns anlockt. Noch nicht einmal interessante oder lustige, bunte Fische sind zu entdecken, der Wellengang hat die See zu sehr aufgewühlt. Ein graugelber Schleier vernebelt jede Sicht. Der karibische David Hasselhoff hat vollmundig übertrieben, mir läuft allerdings tatsächlich das Wasser im Mund zusammen. Nicht nur das Salz schmeckt auf der Haut, bei fast jedem

Atemzug zieht das Wasser durch die Lippen, dass ich anschließend das Gefühl habe, die halbe Karibik geschluckt zu haben. Ein Strandtag geht zu Ende, wie er zu erwarten war: Sonne satt, salziges Wasser, brünette Badenixen in formvollendeten Kurven. Den Tag hätten wir auch auf Mallorca oder den Kanaren verbringen können! Kubanische Atmosphäre? Fehlanzeige.

Zuckerrohr und Peitsche

Wer die Geschichte Kubas verstehen will, muss einen Blick in die Vergangenheit werfen. Welch überschäumende Weisheit! Am besten gelingt das vor Ort und mit Informationen von Einheimischen, die sich als Guide anbieten. Die Zuckerrohrfelder sind das Ziel, auf denen vor zweihundert Jahren afrikanische Sklaven für Kubas Aufstieg zum weltgrößten Zuckerexporteur sorgten. Einmal täglich fährt ein Dampfzug zu den ehemaligen Plantagen nach Manzanas Ingenias. Nur heute nicht, wie sich herausstellt, der Lokführer ist krank und es gibt keinen zweiten, der das alte Dampfross in Bewegung versetzen kann. Außer einigen Fotos der halb verrosteten Maschine verharrt diese touristische Attraktion heute im Stillstand.

„Mit dem Taxi zu den Zuckerrohrfeldern?" dehnt Sina die Worte in die Länge und wirft einen fassungslosen Blick hinterher. Das sei ihr zu teuer und ihrem Freund bestimmt auch. „Stimmts, Alex?" Der ist unentschlossen und hat heute keine Meinung. Quengelnd wirft sie sich an ihn. „Du willst doch auch auf den Markt, oder?" Bestimmend, zickig und hochnäsig, sie giert pausenlos nach Aufmerksamkeit. Jeder Gedanke wird laut ausgesprochen, auch „dass Sina heute müde ist." Ich kann es mit der Zeit nicht mehr hören. Bemerkenswert war, als sie vorgestern mitwanderte, nicht jammerte oder nörgelte, auch wenn sie ihre 80 kg meist schnaufend den Bergpfad hoch wuchtete.

Gestern Abend überlegte ich gar noch, beide bis nach Baracoa zu begleiten, zu diesem ursprünglichen Dorf mitten im Dschungel im Osten Kubas. Kolumbus landete dort im

Jahr 1492 und entdeckte neues Land für die spanische Krone. Abgesehen von der zwölfstündigen Busfahrt nach Santiago de Cuba und dann noch einige Stunden weiter, mag ich Sina keinen Tag länger ertragen. Mit Alex wäre das sicher lustig und voller Spaß. Aber mit ihr? Die immer wieder betont, aus gutem Hause zu stammen und auf Punkmusik zu stehen? Meint sie wirklich, das genüge schon, um Punk zu sein? Verstehe ich das richtig? Für sie zählen einzig ein paar schräge Klamotten, um als Punk zu gelten, dazu eine verquere Weltsicht und das Leben als Party und in den Städten Anarchie? Nimm den Reichen und gib den Armen, bis jeder genau das Gleiche hat – und am Ende gar nichts?

Punk wurde spätestens mit den „Toten Hosen" gesellschaftsfähig, wenn er nicht schon viel früher starb, als die Pseudo-Punks ihre Ideale für politische Zwecke missbrauchen ließen. Die meisten Punks kommen heute aus wohlhabenden Familien und wollen nur „dagegen" sein, damit es in ihrem goldenen Käfig überhaupt einen Sinn gibt. „Para Fidel, para revolucion!" - „Für Fidel, für die Revolution!" Castro war gegen die Fremdbestimmung des kubanischen Volkes von Amerika. Er wollte eine Verbesserung für Kuba, ein freies Kuba, die Korruption des Batista-Regimes loswerden und etwas Gutes für die Kinder und Familien tun. Der hatte noch Ziele und Visionen. Und er hat die Kolonialherren zum Teufel gejagt! Er kämpfte für das kubanische Volk. Er wollte ein neues, friedliches Kuba aufbauen. Was er heute hat, ist ein auch durch das US-Embargo verarmtes Land. Sinas Punkvisionen sind gegen die herrschende Gesellschaft und ohne einen wirklichen Plan. Hauptsache dagegen! So wie bei Traumtänzern und Teilzeit-Kommunisten. Was aus deren Hirngespinsten wurde, konnte man nach 40 Jahren am heruntergekommenen Osten sehen.

Abgewirtschaftete Fabriken, technologiefeindliche Betriebs-
führung, fehlende Infrastruktur. Manche Viertel waren
verwahrlost und einige Innenstädte wüst und verkommen.
Es gab kein Geld für den Wiederaufbau. Schlendert man in
den Seitengassen von Trinidad oder auch denen von
Cienfuegos, kann man den totalen Verfall ebenso nicht
übersehen. Allerorten abbruchreife Häuser, grau dominiert
die Fassaden, der morbide Charme als Maske für den
Fremdenverkehr.

Unbestritten, der kubanische Staat gibt viel Geld für
soziale Zwecke aus, für Ausbildung, Kinderbetreuung oder
umfassende Krankenversicherung. Das ist beispiellos, doch
es fehlt an Devisen. Ohne Waren vom Weltmarkt sind auch
dem Sozialismus enge Grenzen gesteckt, das US-Embargo
tut sein Übriges. Gleichwohl wird mit dem Tourismus eine
Möglichkeit genutzt, an Devisen zu kommen, um die vorhandenen sozialen Institutionen zu finanzieren. Zweifelsohne
wunderbar, wenn der Staat allgemein die Menschen um-
sorgt. Traurig, wenn er es sich nicht wirklich leisten kann.

Lässig an die Hauswand gelehnt greift ein Gitarrero in die
Saiten und damit die Münzen aus den Taschen der Touristen.
Ich stehe vor einem Touristenmarkt, einem teuren oben-
drein. Der Einheitsverkaufspreis für ein „Che Guevara"-
Barret sind fünf CUC. Nach einigen Worten und zwei Sätzen
dann nur noch vier. Aber nicht weniger. Ich habe es bei
zehn Marktvertretern versucht. Durch die Bank und
überall, ausnahmslos waren sie sich einig.

Kein Wunder, ganze Busladungen durchforsten die Stände,
die außer Andenken an das beschauliche Trinidad nicht das
Besondere bieten. Nichts, was ich woanders nicht schon
gesehen hätte. Mit so ziemlich der gleichen Auswahl an

Plunder und billigen Urlaubserinnerungen zu denselben hohen Preisen schneidet sich jeder sein Stück vom Touristenkuchen ab. Händler preisen ihre Waren, viele leise, wenige laut, aber immer mit nervendem „Hola, Señore!" Manch Gewitzte parlieren in Deutsch, wenn sie meine Herkunft ahnen. Ich reagiere gerne auf Russisch, kann aus sechs Jahren Vokabelschinderei jedoch nur noch wenige Sätze, entgegne meist Wortfetzen, die irgendwie russisch klingen. Nur kurz dagegen halten, nicht unhöflich sein und gleichzeitig mit der Hoffnung, unverstanden davon zu kommen. Bis Funken aus dunklen Augen sprühen. Ein kleiner, zu rund gewordener Händler entgegnet etwas und strahlt wie ein Honigkuchenpferd.

„Ja nje snaju," (Ich weiß es nicht.) antworte ich gleichgültig. Das hilft sonst immer. Er redet weiter, unerwartet in Russisch, ohne Pause, breitet die Arme aus und präsentiert Blechklunker und Holzperlenkettchen, Kuba-Shirts mit Flagge und Revoluzzerkappen mit rotem Stern.

„Ja panemaju tolko woksal." (frei übersetzt: Ich verstehe nur Bahnhof). Er legt den Kopf auf die Seite und blickt irritiert. Bevor ich weitergehe, hebe ich die geballte Faust und brumme verlegen: „Druschba!" (Freundschaft!).

Regungslos steht er da, versteinert sein breites Lachen. Wenn ich nur wüsste, was ich eben wirklich mit meinen rudimentären Sprachkenntnissen geantwortet habe!

Die beiden Hamburger tauchen wieder auf und lachend stolpern wir über den Markt. Alex kauft ein Domino-Spiel. Das ist eine der Leidenschaften der Kubaner und wird an jeder Ecke gespielt. In jeder Straße, auf jedem Platz, irgendwo hocken immer Kubaner auf dem Boden, halten ein Glas Rum in der Hand und hämmern Steine an Steine. Auch wir sitzen auf der Terrasse in einem eleganten Restaurant aus der Kolonialzeit. Daneben drängen sich hellblaue und pastellfarbene Häuser, vor denen kleine Palmen stehen, mit viel Grün an den mit Ornamenten verzierten Fenstern. An den hohen Wänden ranken die Rosendorne, Farbe blättert herab, die Bedienung wirbelt schnell herbei. Wir sitzen eingekreist von kanadischen und französischen Touristen, doch weder sie noch andere kennen die entsprechenden Regeln. Gleichgültig, wir erfinden eigene, die bestellten Mojitos heben nachhaltig den Spaßfaktor. Ein junger Kubaner peilt über unseren Tisch und murmelt „oh no, thats shit", setzt sich hinzu, erklärt die Regeln und gewinnt die folgenden Spiele. „No, no gracias" schütteln wir synchron den Kopf, um Geld wollen wir nicht spielen. Jedenfalls nicht mir dir! Lächelnd zieht er weiter.

Zum Satz des Nachmittags wird der Ausspruch: „Ich sehe nur noch Punkte!" Zwar gewinnt nun jeder von uns drei einige Spiele, doch immer wenn sie am Verlieren ist, will Sina die Regeln ändern. Nachverhandeln in einer aussichtslosen Situation ist offensichtlich ihre Strategie, um das Spiel erfolgreich zu gestalten. Zumindest für sich.

Die Mojitos verursachen bei diesen tropischen Temperaturen ein immer größeres Durcheinander im Kopf. Ich sehe irgendwann tatsächlich nur noch Punkte! „Lasst uns für abends wieder hier treffen" sind wir einer Meinung. Wie die Kubaner da noch arbeiten können bleibt schleierhaft. Oder trinken sie den Rum pur? Nicht vorstellbar, ich will jetzt nur noch schlafen und an nichts mehr denken.

In der Casa serviert Don Fernando am Abend leckeren Fisch, den er selbst zubereitet hat. Endlich bekomme ich seine Kochkünste bestätigt, von denen Frank so geschwärmt hat. Wenn ich in diesem Urlaub irgendwann Fisch essen will – dann bei Fernando! Ich bin kein Gourmet und das Kochen überlasse ich denen, die es können. Aber ich esse gerne, vor allem, wenn es schmeckt. Morgen will er gern ein Hühnchen organisieren. Weiterhin sind es Fernandos verschmitztes Lachen, seine kümmernde Art, die Herzlichkeit verbreiten und den Aufenthalt so angenehm werden lassen. Stets grüßt er mich mit rollendem „R", wenn ich ihn in diesen Tagen irgendwo zufällig treffe. Ob in den Gassen Trinidads oder auf dem Markt. „Hola Rrrreikko ..." sind stets seine Worte. Ja, hier bin ich ein willkommener Gast. Da kann kein noch so feines Ambiente mithalten. Der Preis macht nicht den Unterschied. Und das weiß er. Die Zukunft Kubas liegt im Tourismus, ganz gleich, ob individuell, pauschal, in Kleingruppenreisen oder mit privat geführten Touren. Gastfreundschaft ist und bleibt Grundlage für erfolgreichen Fremdenverkehr.

Von der Terrasse genieße ich den lauschigen Abend und meinen dicken Bauch, entspanne bei einem Blick über Trinidad, träume vom 18. Jahrhundert und stelle mir vor, wie in dieser Unterkunft einst Piraten abgestiegen sind oder Geschäftsleute am folgenden Tag in See stechen wollten. Fernandos Casa bietet einen einfachen, vergangenen Stil. Mit den passenden abenteuerlichen Gedanken im Kopf ein unschlagbares Flair. Ob hier wohl jemals ein waschechter Seebär genächtigt hat?

Mit stolzem Gang und coolem Blick schreite ich durch die Gassen, das weiße Hemd wie ein Pirat bis zur Brust aufgeknöpft. Guter Dinge bin ich unterwegs, will zum Restaurant vom Nachmittag. Hunde stromern über das Pflaster, vollbusige Kubanerinnen werfen feurige Blicke aus dunklen Augen. Jineteros begegnen mir. Einer will mir sogar eine Frau beschaffen, soweit man die genuschelten Worte übersetzen kann. Die Überlegung ist es eigentlich nicht wert, Prostitution ist in Kuba verboten. Und niemand wird überrascht sein, wenn sie allgegenwärtig in Havanna war und offensichtlich auch hier. No gracias, irre ich weiter umher.

Vieles wäre einfacher, wenn ich den Weg wüsste oder wenigstens den Namen des Restaurants. Es ist wie verhext. Zum zweiten und zum dritten Mal die Straße entlang, eine Querstraße, wieder zurück. Es ist einfach nicht zu finden. Ob er ein kleines Lokal weiß, in dem zwei Deutsche sitzen, frage ich einen weiteren Schlepper, der sich mir breitbeinig in den Weg stellt. Hier ganz in der Nähe? Bedächtig mustert er mich, schüttelt unverstanden den Kopf. Eine unsinnige Frage, ganz Trinidad ist voll davon. Ich stolpere weiter durch Straßen, in denen ich zuvor nie gewesen bin. Fast eine Stunde später und mit mittlerweile stark reduziertem Coolness-Faktor entdecke ich endlich die Hamburger. Sie sitzen sogar am selben Tisch vom Nachmittag, daneben zwei Kanadier. Nach dieser Aktion gerate ich schnell zum Gespött von Alex und Sina. „Du willst wissen, wo sich das oder jenes befindet? Du brauchst ungefähr zehn Minuten dahin. Bist Du allerdings mit Reiko unterwegs, dann mindestens eine Stunde." Mich trifft gackerndes Lachen, das verhöhnend klingt. Der Kanadier lacht laut mit, wir kommen ins Gespräch und er erzählt von seinen Erlebnissen. Ihm gefällt dieses Land, die Menschen sind sehr ausgelassen und schweben und tanzen wie in einem Traum. Seine Frau fällt ihm dabei ständig ins Wort und korrigiert, es sei bereits ihr vierter Urlaub in Kuba und nicht der dritte. Von Ché Guevara berichtet er begeistert und von der Revolution. „Ché war argentinischer Arzt, nicht aus Kuba" schallt es aus dem Hintergrund. So anstrengend habe ich bislang nur Sina wahrgenommen. Der Kanadier bleibt die

Ruhe in Person. Am schönsten sei die Zeit beim Karneval in Santiago, fährt er fort. Eine einzige wilde Party, Trommelklänge, fremde Rhythmen, sparsam bekleidete Tänzerinnen, ein Fest voll Bier und Rum, umgeben von schwülheißer Luft. Plötzlich streckt er sein Kinn nach vorne, blickt erst nach oben, als würde er nachdenken und dann zu seiner Angetrauten. In Havanna geschah es einst, er war mit einem Freund alleine unterwegs am Malecon, ihre Frauen machten einen Salsa-Tanzkurs. „Unaufhörlich sprachen uns Prostituierte an!" Der Kanadier streicht über seinen Vollbart. Es war immer derselbe Satz. „Hola amigo, wie gehts?" - „Gut!" antworteten sie und musterten die jungen Frauen. „Möchtest du Sex haben?" Erschrocken trat er einen Schritt zurück. „Nein, ich bin verheiratet, no gracias." - „Nun, sie ist nicht in Kuba, ist doch egal", blieb die Jinetera hartnäckig. Jinetera werden jene Frauen genannt, die die ursprünglichste aller weiblichen Dienstleistungen anbieten. „Nein danke. Und übrigens, meine Frau ist auch hier." - „Dann nehmen wir ein casa particular, sie wirds nicht merken." - „No, gracias!" Anfangs lehnten sie noch freundlich ab, wurden mit der Zeit deutlicher, mussten dies mehrfach wiederholen. „No no!" Gewiss, auch ich sah schon ausländische Männer, die nicht ungern den Mädchen folgten. Und, ebenfalls nicht überraschend, auch Frauen, die sich bei männlichen Prostituierten eingehakt hatten. Dann ereifert er sich und redet sich richtig in Rage. „Meine Frau wurde auch von einem Kubaner angesprochen." Er blickt finster. „Ob sie guten Sex möchte. Als ich daneben stand!!" Sie dreht den Kopf leicht zur Seite, schaut etwas pikiert, erwidert jetzt nichts mehr.

Baulärm weckt mich um acht. Bei Fernando wird die Küche erneuert, und er hat nicht nur einen Bauarbeiter im Haus.

Ständig umkreisen mich andere Gesichter. Mal rattert es und dröhnt, dann rufen laute Stimmen. Unausgeschlafen, dennoch froh gelaunt, will ich mit dem Fahrrad zu den Zuckerrohrplantagen, die gestern unerreichbar blieben. Und vor allem will ich endlich der Geschichte Kubas einen Besuch abstatten. Den anderen wünschte gestern ich noch eine gute Weiterreise, nehme dieses Ziel heute allein in Angriff. Bevor ich jedoch in die Gänge komme, vergeht eine Stunde. Und gleich darauf eine weitere. Ich bin heute so etwas von lahm, dass ich tatsächlich erst um zwölf aufbreche. Ausdrücklich riet mir Fernando, zur dieser Zeit bereits zurück zu sein, um der brütenden Mittagssonne aus dem Weg zu gehen. Schließlich will er heute für mich ein leckeres Hühnchen rupfen. Nun also los!

Es gibt Wege – und es gibt Ziele. Im Idealfall lässt sich beides vereinen. Abermals bin ich mit dem Drahtesel unterwegs, standesgemäß für dieses Land, reise Kilometer um Kilometer in der Zeit zurück. Neben der Straße leuchtet sattes Grün von Palmen und Wiesen. Blaugrauer Himmel, es ist fast windstill, 30 Grad im Schatten. Eingerahmt von den Bergen der Sierra de Escambray jagen sich die Fotomotive gegenseitig. Eine herrliche Aussicht und ein grandioses Panorama! Alle 20m könnte ich anhalten, so berauschend ist die Landschaft. Ein schönes, modernes Mountain-Bike übrigens, das Fernando für mich organisiert hat. Metallicblau, welches heftig in der Sonne glänzt. Fünf CUC verlangt er, nur halb soviel wie in Viñales. Das klingt fair. Doch leider ist es kein Vergnügen, auf einem 24er Kinder-Rad in der nun vorhandenen Bullenhitze zu radeln. Auch kann ich von zwölf Gängen nur drei benutzen. Das wird vor allem heimwärts eine Höllenqual werden, da es anfangs in das Tal meistens bergab geht.

Nach anderthalb Stunden Kampf gegen die sengende Sonne klebt das T-Shirt auf der Haut. Los!, treibe ich mich an. Das sind nur noch 43m, an denen wirst du jetzt nicht scheitern. So hoch ist der „Torre de Iznaga", ein Turm, von dem früher die Sklaven auf den Zuckerrohrfeldern überwacht wurden. Der steht nur wenige Meter vom Landsitz von Pedro Iznaga entfernt, dem vor rund 200 Jahren reichsten Mann Kubas. Die Aussicht ist grandios, die Geschichte grauenhaft. Um 1850 beschäftigten extravagante Familien unzählige Haussklaven und weitere Hundertschaften auf den Plantagen. Die Zuckerbarone ließen Jahr um Jahr abertausende Afrikaner ins Land bringen, die als billige Arbeitssklaven für den Reichtum weniger Gutsherren sorgten. Ein Arbeitstag dauerte 18 Stunden und länger, und es war in Kuba ein weitaus härteres Los als bei den amerikanischen Baumwollsklaven. Hier ging es nicht nur um die fehlende Freiheit oder der Zwang zur Arbeit. Die Schwierigkeit bestand darin, nicht zu sterben. Um die Suizide einzudämmen, verstümmelten die Gutsherren sogar die Leichen, da dies die Wiedergeburt in der afrikanischen Heimat unmögli ch machen sollte. Erst 1886 endete die Sklaverei auf Kuba, bis dahin hatte sich die Zuckerwirtschaft längst als wichtigster Wirtschaftszweig etabliert.

Vom nahen Landhaus geht es noch fünf Kilometer tiefer in die ehemaligen Plantagen. Zuckermühlen gibt es leider kaum mehr, die meisten sind abgerissen oder verfallen. Nur das Zuckerrohr wächst wie eh und je in der mit Königspalmen gespickten, zeitlos schönen Landschaft. Neben der Bahnstation, die wir ursprünglich gestern erreichen wollten, sitzt ein älterer Kubaner, den Sonnenhut tief in das Gesicht gezogen. Interessiert deutet er auf mein Fahrrad, das ich hier abstellen könne. Oder vielmehr hier abstellen müsse.

Für einen CUC, das versteht sich von selbst. Der Weg bis zum Farmhaus sei für Fahrräder gesperrt. Nun, er muss es wissen, er beaufsichtigt alles, was hier für einen CUC abgestellt wird.

Die nächste Pause und ein weiteres Malz-Bier. Es ist schon das dritte heute. Seit Jadier mich in Cienfuegos darauf „angesetzt" hat, bin ich vom hiesigen „Malta" überzeugt. Erfrischend, süß, lecker und ohne Alkohol. Stotternd bestelle ich auf Spanisch, bis der Kellner meine Worte verbessert. Unerwartet schwirren deutsche Worte in mein Ohr. Er sagt, dass er viereinhalb Jahre in der DDR lebte und studierte. Ein guter Moment, mehr über das kubanische Leben zu erfahren. Brennend interessiert mich die Frage nach der kubanischen Arbeitslosigkeit, da im Sozialismus offiziell Vollbeschäftigung herrscht. Die weltweite Finanzkrise hat jedoch auch Kubas Tourismussektor getroffen, das bekommen die Rikscha- und Taxifahrer tagtäglich zu spüren. In Havanna teilen sich beispielsweise zwei Fahrer ein kleines Coco-Taxi. Das ist rund wie ein Ei und in poppig bunten Farben angemalt, sieht wie eine moderne Rikscha aus. Ich beginne zu rechnen. Wer etwas durch zwei teilt, kann höchstens noch die Hälfte haben, und das bedeutet dann auch nur alle zwei Tage Fahrgeldeinnahmen, sozusagen Kurzarbeit im Taxigewerbe. Viele Leute, alte als auch junge Männer, sitzen tagsüber in den Hauseingängen, haben eine Zigarre im Mundwinkel und in Griffweite eine Flasche Rum. Diejenigen, die einem regelmäßigen Job nachgehen, verdienen im Durchschnitt nur 13 CUC im Monat, studierte Zeitgenossen nur unwesentlich mehr. Das sind umgerechnet rund 300 Pesos. Eine erste zaghafte Reform nach einem halben Jahrhundert. besat, dass zukünftig mehr nach Leistung bezahlt werden soll. Bislang gibt es freilich zwischen Arbeitern, Werktätigen, Ingenieuren oder Ärzten kaum einen Unterschied. Im Sozialismus sind alle gleich. Am gleichsten sind die, die mit Touristen zu tun haben und Trinkgeld bekommen. Am nervigsten davon sind die Jineteros. Vor einigen Tagen ist es mir gar passiert, dass ein Kubaner mit mir das Restaurant betreten hat und noch bevor ich mich setzte dem Wirt mittels Handzeichen bedeutete, er habe mich hierher gebracht. Was ja gar nicht stimmte. Für diese Anwerbung erhält er einige CUC als „Belohnung", sozusagen ein Kopfgeld, das wiederum auf den von mir zu zahlenden Preis aufgeschlagen wird. Ich war so schnell wieder draußen, der hatte noch nichts bekommen. Und mit meinen defizitären Spanischkenntnissen wäre ich voll abgezockt worden. Kein Kellner hätte übersetzt und niemand die Sprachhürde niedergerissen.

Die Sonne brennt noch stark vom Himmel, als ich auf dem Rückweg bin. Ich habe so schwere Beine und überhaupt keine Lust auf die Rückfahrt. Kurzer Fotostopp auf einer Anhöhe. Ich sitze matt am Straßenrand, der Blick schweift weit über das Tal, wird begrenzt durch den Gebirgszug der Escambray, der sich majestätisch gen Himmel reckt. Nicht endlos träumen, du hast noch einen weiten Weg vor dir, raffe ich mich bald wieder auf. Unwillig schwingt das Bein über den Gepäckträger. Mit etwas zuviel Schwung, der Fuß knickt um und der Sattel knallt geradewegs auf die Stelle, wo es für einen Mann am schmerzhaftesten ist. Aua, das tat weh! Tief Luft holen. Ganz langsam und noch etwas tiefer atmen und an nichts denken. Der staubige Boden flimmert, in der Ferne bellt ein Hund, über mir der grelle Sonnenschein. Zusammengesunken hocke ich auf dem Asphalt und spüre das Pochen in den Schläfen. Das fehlte noch, dass mir mitten in Kubas Zuckerrohrfeldern der Sack abgerissen wird.

Behutsam geht es weiter. Ich bin nicht schnell, hole dennoch ein Pferdefuhrwerk ein und lasse mich zwei Kilometer bis zur Plantage Matanzas Ingesias ziehen. Der alte Kubaner hält die Zügel in der Hand, lacht auf und zeigt seine gelben Zähne. Nein, schüttelt er leicht seinen runden Kopf, nach Trinidad fährt er heute nicht mehr. Da können meine Augen wie Goldstücke funkeln, sein Weg endet hier. Also alleine weiter. Die Sonne brennt unbarmherzig, die Luft spiegelt sich über dem Asphalt, für die berauschende Landschaft habe ich jetzt absolut keinen Blick mehr. Ich würde ja auch ein oder zwei CUC zahlen, wenn mich ein Bus mitnimmt. Doch die Straße ist wie ausgestorben. Donnert überholt mich ein dunkelgrüner LKW. Ob es ein Militärfahrzeug ist? Lachend heben Männer den Arm, haben allerdings keine Uniform an. „Hola!" rufe ich und winke zurück. „Stop, por favor!" Ich ringe nach Luft. Einige hundert Meter weiter hält der Laster am Straßenrand. Ein Mann steigt herab, schneller trete ich in die Pedale. Noch fünfzig Meter, noch dreißig. Bevor der Gedanke real wird, steigt eine schwarze Rußwolke auf, der Mann springt behände auf den anfahrenden LKW. „No, no! Stop!" blicke ich in amüsierte Gesichter.

Zwei Kilometer weiter steht dasselbe Fahrzeug erneut am Straßenrand. Bei Gegenwind und gefühlten 40 Prozent Steigung ist kaum ein Vorwärtskommen. Erst als ich auf zwanzig Meter ran bin, rufe ich laut „Hola!" und hebe kraftlos den Arm. Nur noch wenige Meter, ich habe es fast geschafft. Und muss abermals enttäuscht mit ansehen, wie sich der Lastwagen langsam in Bewegung setzt. Was soll das? Spielen die ein Spiel? Womit habe ich das verdient?

Nach gut der halben Strecke, etwa einen Kilometer vor dem langen Anstieg, pausiere ich an einer Haltestelle. Seit einer halben Stunde haben mich nur PKW überholt. Vielleicht habe ich Glück und ein Bus nimmt mich mit, doch Abfahrzeiten suche ich vergebens. Da, ein blauer Lastwagen biegt um die Kurve. Schnell den Arm raus, und tatsächlich hält der vor mir an. MAZ steht auf dem Lüftungsschlitzen. Ein Fabrikat russischer Bauart aus tiefsten Zeiten der Bruderliebe. Im Fahrerhaus sitzen zwei Männer und eine junge Frau mit Kind. Der Beifahrer springt heraus, klettert auf die mit dünnen Holzstämmen beladene Ladefläche und zieht hinter sich das Fahrrad hoch. Er wedelt mit dem Arm, ich solle einsteigen, während er auf den Baumstämmen sitzen bleibt. Begeistert erobere ich seinen Platz und gelange wie seit Tagen erträumt zu einer kubanischen LKW-Fahrt.

Der Laster dröhnt und schnauft und scheppert über die Straße. Leider versteht der Fahrer genauso viel englisch wie ich spanisch, sodass ich außer „Gracias!" nichts erwidern kann. Wenn ich wenigstens so gut spanisch könnte wie ich schlecht englisch spreche, dämmert es mir. Dem kleinen Jungen schenke ich einen Kugelschreiber und einen Keks. Ich bin so voller Dankbarkeit in diesem Moment. Die junge Mutter blinzelt keck, streift eine schwarze Haarsträhne aus dem Gesicht und deutet auf einen riesigen Obstkorb vor sich. Genussvoll beiße ich in einen großen Apfel. In mir überstürzen sich die Gedanken. Zufrieden huscht ein Lächeln über das Gesicht, das immer breiter wird, als es ewig nur bergauf geht. „Ein großer Dank an alle Kubaner" murmele ich und bedaure meine ungerechten Gedanken von vorhin. Möglicherweise hat der Militärlaster mich und mein

Begehren auch gar nicht wahrgenommen und stoppte jeweils nur für eine Pinkelpause.

In einem großen Bogen nähern wir uns Trinidad. An fünfgeschossigen Plattenbauten vorbei, die dem Sozialismus ein einmaliges und Kuba ein trauriges Bild verleihen. Hier steigt die Frau mit ihrem Jungen aus. Wir fahren noch ein Stück weiter, halten vor der Einfahrt zu einem Werksgelände. „Gracias!" reiche ich dem Fahrer die Hand. Der Beifahrer gibt mir das Fahrrad und verschwindet mit seinem Kompagnon hinter dem Schlagbaum, dass gar keine Zeit bleibt, in der Tasche nach ein oder zwei CUC zu kramen. Nur ein einfaches „Gracias!" rufe ich hinterher. Ob sie mit barer Münze gerechnet haben? Ein Kuba-Dollar für jeden wäre angebracht gewesen. Nichts außer einem Lächeln und positiven Gedanken. Gerade weil sie nichts verlangen, sehe ich die kubanische Gesellschaft für einen Moment in einem dankbaren Licht. Zum ersten Mal spüre ich, dass nicht alle Einheimischen nur auf das Geld der Touristen aus sind. Sie handelten aus Überzeugung. Es erinnert an den Zusammenhalt, den der Sozialismus fördert. Ob staatlich verordnet oder privat organisiert. Die Menschen unterstützen sich oft aus der Not heraus, immer den Mangel vor Augen. Mit diesen positiven Gedanken schmeckt das Hühnchen am Abend gleich noch besser.

Gefangen im Netz der Beziehungen

Bis gestern Mittag war ungewiss, wo es heute hingehen soll. Santa Clara oder Camagüey? Geschichtsunterricht beim Che Guevara-Monument oder doch zuvor zu der laut Reiseführer aufgeweckten City mit einer labyrinthisch angelegten Altstadt, die mit dem größten historischen Stadtkern, einer faszinierenden Atmosphäre und romantischen Innenhöfen? Ich konnte mich nicht entscheiden, der eine Bus fuhr nachmittags, der andere schon am frühen Morgen. Ich warf einen Peso in die Luft. Wappen oder Zahl? Die Münze klimperte im Wartesaal der Busstation auf den Steinboden. Zahl! Was war das nächste Ziel, welche Entscheidung getroffen? Im Grunde ein Nichts, ein Vakuum, ich warf sie einfach so und vergaß, vorher eine Festlegung zu treffen. So etwas muss man auch laut aussprechen. Egal, sagte ich mir, ich will ja so weit wie möglich in den Osten und habe noch eine Woche bis zum Flieger in Havanna. Also los!

Es ist früh, eigentlich viel zu früh, um ausgeschlafen zu sein. Die vergangenen Tage kam ich nie vor acht aus dem Bett, um diese Zeit rollen bereits die Zuckerrohrfelder von gestern vorbei. Holzkarren, Drahtesel, ein paar klapprige Busse und ab und an Oldtimer. Dazwischen Camiónes, das sind für den Personentransport umgebaute Sattelzüge, benannt nach dem Aussehen eines Kamels. Wir sind wieder auf einer kubanischen Landstraße unterwegs. Die Umgebung verändert sich im Stundentakt. Nach den Zuckerrohrfeldern geht es an saftig grünen Wiesen vorbei, die Berge am Horizont sind noch so flach wie ein Tellerrand, wir werden von der endlosen Weite einer Weidelandschaft verschluckt. Eine grandiose Hügellandschaft lässt das Auge schweifen. Königspalmen recken sich am Straßenrand in die Höhe, wir durchqueren Dörfer, in denen die Zeit still zu stehen scheint und Pferdegespanne das Straßenbild bestimmen. Allgegenwärtig grüßt auch irgendwann, irgendwo ein Bild von Ché mit seinem Ausruf „Hasta la victoria Siempre". Nein, diese Eindrücke kann kein Flugzeug bieten, kein Flug über ein endloses Wolkenmeer. Um dann mit einem Zeigersprung in einer neuen Welt zu landen.

Camagüey, Busstation: Nach der Tourismushochburg Trinidad geht es nun beschaulicher zu. Ein vorbestelltes Taxi wartet schon. Neben dem Fahrer, ein älterer Kubaner von schmächtiger Gestalt, sitzt ein muskulöses Pendant, ein Typ in meinem Alter, die Haare streng nach hinten gegelt, der an Robert de Niro in „Casino" erinnert. Grimmig schauend, ein Streichholz im Mundwinkel und jedem Rock nachpfeifend. Nach wenigen Minuten schon halten wir an einer belebten Seitenstraße. Der Mafiosi-Typ steigt aus und holt mit leichtem Schwung meinen Rucksack aus dem Kofferraum. Oh, wir sind bereits da? Das ging aber schnell. Und das kostet wirklich fünf CUC? Das ist nicht gerade wenig für die zwei Kilometer. Finstere Augen aus einem unrasierten Gesicht geben sehr eindeutig zu verstehen, dass dieser Preis natürlich gerechtfertigt ist, keine Frage. Ich bin nur etwas irritiert. Eine Alternative wäre ein Stadtbus, den ich an und für sich nicht nutzen soll oder darf, die sind vorrangig für Kubaner bestimmt, die kosten wie gehabt nur einen Peso. Moneda Nacional habe ich nicht mehr vorrätig. Und vor allem wusste ich nicht, wo die von Fernando empfohlene Unterkunft liegt. Immerhin, ich werde in der

Casa freundlich aufgenommen und versinke für zwei Stunden geschafft und müde im riesigen weißen Federbett.

Zwei Tage, zwei Nächte. Das ist der Plan. Dann will ich weiter und die ersehnte Bahnfahrt machen, etwas Eisenbahnromantik schnuppern. An den wilden Westen soll sie erinnern, die Eisenbahn in Kuba, als Amerika unbelebt und noch keine Weltmacht war. Einfach und unkompliziert, nicht durchorganisiert, etwas chaotisch, preiswert und vor allem ist es keine Busfahrt. Also los!

Weitaus zentraler als die Busstation liegt der Bahnhof. Für diesen Weg hätte ich kein Taxi zur Unterkunft gebraucht. In den höchsten Tönen lobt der Lonely Planet die Fahrpreise. Nur umgerechnet 0,55 CUC für eine Fahrt nach Santa Clara. Das entlastet die Reisekasse, und ich komme endlich zu einer Zugfahrt. Leider gibt es hier wie in ganz Kuba nur spärliche Informationen zu den Zügen, Touristen werden auf die teure Devisen-Buslinie von Viazul verwiesen. Habe ich schon erwähnt, dass ich Busfahrten hasse?!

Die Station sieht aus wie ein Vorortbahnhof, hat nur drei Gleise, eine kleine Abstellanlage sowie einen Gleisanschluss. Heute ist Samstag, also Wochenende und nichts los. Völlig unbelebt auch auf dem Bahnsteig. Ausschau haltend nach den Abfahrtszeiten umstreife ich einmal das Empfangsgebäude, einen zweistöckigen Ziegelsteinbau, der mit seinem Güterschuppen an alte Reichsbahnzeiten erinnert. Vergitterte Fenster, von Rost angenagte Türscharniere, abgebrochene Bahnsteigkanten, die Gleise zum Teil mit Gras überwuchert, mit dem verwegenen Charme einer wunderbaren Wildwestromantik. Einen Fahrplanaushang finde ich nicht, weder am Bahnsteig noch neben der Eingangstür. Ein Blick in den bereits geschlossenen Wartesaal hilft ebenso wenig, die handgeschriebene Abfahrtstafel ist kaum zu entziffern. Soweit ich erkennen kann, fährt übermorgen um zehn ein Zug nach Santa Clara.

Das offizielle Büro mit Ticketverkauf liegt außerhalb an der Straße und ist noch besetzt, aber ich könnte mich ebenso im Kreis drehen und dreimal „Abfahrt!" rufen. Die junge Angestellte versteht mein Englisch nicht. „No, no" gackert sie mit wedelnden Händen. Offensichtlich lernt nicht jeder Englisch in der Schule. Jedenfalls nicht sie oder sie hat keine Lust darauf, mir zu antworten. Ein Kubaner springt herbei und übersetzt, doch mehr als ein mürrisches „Komm am Montag um acht vorbei und sprich mit dem Boss" kommt nicht dabei raus. Wahrscheinlich werden wie in den staatlichen Bussen nur wenige Plätze an Touristen vergeben. Wie die Fahrkartentante verdeutlicht, würde die Fahrt neun CUC kosten, jedenfalls für mich, also halb so viel wie mit dem klimatisierten Bus.

Wie überall ist es sehr warm, angenehme Temperaturen bis weit in die Abendstunden. Planlos streune ich durch die Straßen und das Gassengewirr. Ich spaziere durch verwinkelte Gassen, über Kopfsteinpflaster, verschlafene Plätze. Die interessante, als Labyrinth angelegte Altstadt erinnert an mittelalterliche Stadtkerne Deutschlands. Anrückende Piraten sollten so in Verwirrung gestürzt und ein Angriff erschwert werden. Überfallen und ausgeraubt wurde Camagüey dennoch mehrfach. Zwischen den hohen, zumeist grauen Häuserfassaden führt mich ein unbestimmtes Verlangen nach authentischem Leben durch die Straßen. Kein Ziel, keine Eile. Ich lasse mich treiben, genieße die Momente und beobachte die Menschen, wie sie im gleißenden Sonnenlicht an der Straßenecke sitzen und

Domino spielen. Ein älterer Mann schaut skeptisch, als ich stehen bleibe. Vielleicht ist er auch verunsichert, was ich hier will, denn die Gegend ist nicht gerade mit abertausenden Touristen überhäuft. Er hat eine Zigarre in den Mundwinkel gesteckt und das Barrett so schräg wie Che Guevara auf dem Kopf. Ich würde gern etwas sagen, aber mir fällt nicht einmal „Wo geht es zum Bahnhof?" ein. Nun, die Frage könnte ich mir selbst beantworten, von dort komme ich her. Hey, alter Mann, ich kenne seit vorgestern auch die Regeln! Lass uns zocken, spielen, um ein paar Pesos schachern. Etwas weiter hocken zwei Kubaner vor einem kleinen Tisch und spielen Schach. Ich schaue kurz zu und laufe weiter in schmale Seitengassen.

Es ist eigenartig, dass mir nicht nur Männer, sondern auch Frauen und Mädels direkt in die Augen schauen, starr den Blickkontakt halten. Sie begegnen auf derselben Straßenseite, laufen zwar ohne weitere Reaktion an einem vorbei, doch wenden bis zum Schluss ihre Augen nicht ab, als wollten sie in meinem Kopf die Gedanken lesen. Es irritiert und auch nach zwei Wochen kann ich mich nicht daran gewöhnen. Warum ist das so? Ist es Neugier? Suchen sie Aufmerksamkeit? Wollen sie Sex anbieten? Ich muss mich das fragen, Jürgen erzählte es bereits in Trinidad. Man könne „fast jede Kubanerin bekommen". Sie seien sehr kontaktfreudig, aufgrund ihrer Schönheit überall in den Straßen und Diskotheken aufzuspüren. Sie stehen auf Sex. Und nochmehr stehen sie auf Geld. Auf das Geld der Touristen. In die Arme der Ausländer treibt sie der unablässige Drang nach den Kuba-Dollars. Nach Kleidung, nach leckerem Eis und - natürlich - nach Sex. Letzters hat nur geringe Bedeutung, wenn es sich um eine, wie er sagte, Kurzbeziehung handelt, die nur wenige Stunden anhält.

Für die Mädchen ein Weg, an Devisen zu gelangen, für deren Familien ebenso. Bargeld wird dabei durchaus nicht direkt für die horizontale Dienstleistung gezahlt, vielmehr wird die arme Oma vorgestellt und die "Gäste" hinterlassen hundert CUC für das offensichtlich baufällige Dach. Nicht jeder Tourist will erkennen müssen, mit einer Prostituierten die Zeit verbracht zu haben. Man wird belogen, vorher und nachher. Eine Kubanerin ist noch nie mit einem Ausländer ins Bett gegangen, ohne eine finanzielle Gegenleistung zu erwarten. Manch Reisender sieht darin den Antrieb seines Kubaaufenthalts. Ich bin kein unhöflicher Mensch, ich hab Jürgen nicht nach seinem tatsächlichen Reisegrund gefragt.

So überraschend die Einheimischen, so überflüssig ist das Spiel mit der doppelten Währung. Den Heißhunger auf etwas Süßes könnten Butterkekse stoppen, doch im Laden an der Ecke mag die Verkäuferin partout keine Devisen annehmen. Ich kann nicht einmal den umgerechnet doppelten oder dreifachen Pesopreis bezahlen. Sie will einfach keine CUC. Und ein Nein bleibt ein Nein! So wie am Nachmittag, als ich von Hunger getrieben in einer düsteren Hamburger- & Frittenkaschemme mehr als alle anderen zahlen musste. Noch vor dem Eingang schaute ich im Spanischbuch nach den richtigen Worten, stand dann etwas unbeholfen vor dem verkrümelten Tresen und stammelte „Quisiera un bollo con queso". Argwöhnisch von eine Gruppe Jugendlicher beobachtet, die meine Blicke, Umhängetasche und vor allem Geldbörse fixierten. Der Weg zur Tür war nicht weit, das Gemenge auf der Straße unübersehbar groß. Ruhigbleiben und Gelassenheit ausstrahlen, hämmerte es im Kopf. Zwischen toten Fliegen und Tabakasche schob die Bedienung das belegte Brötchen her und übertönte lautstark das Lachen der anderen: „Tres pesos!"

Wer da mit 0,50 CUC einen lapperigen Käseburger für drei Peso bezahlen will, sollte nach Adam Riese und Eva Zwerg bei einem Kurs von 1:24 neun Peso zurückbekommen – und nicht nur sieben. Eine erfolgreiche Intervention scheiterte jedoch an den fehlenden Vokabeln. Warum sollte die Kellnerin ihr bruchstückhaftes Englisch bemühen, wenn sie zwei Peso mehr rausrücken müsste? Jene zwei Pesos sprengen nicht meine Urlaubskasse, es geht ums Prinzip! Sprache hin oder her. Ich lass mich nun mal nicht gern verarschen. Ein hämisches Grinsen warf sie zurück und bohrte ihren Blick in meine Augen. Die im Halbkreis hinter mir stehende Jugend ließ keinen Raum für Verhandlungen. Ja, ich hatte verstanden. Nur weg, so schnell es geht.

Scheppernd fällt die schwere Eisentür ins Schloss. Es ist längst dunkel, finster ist der Raum mit seinen kleinen Fenstern sowieso. Ich sitze alleine in der Casa am Tisch, weitere Traveller sind nicht einquartiert. Mir ist kalt, ich bin müde vom Tag und finde noch keinen Gefallen an Camagüey. Warum bin ich heute über fünf Stunden gen Osten gefahren? Es gibt kaum Touristen, was begrüßenswert ist, sofern man mit den Einheimischen ins Gespräch kommen kann. Wie sehr wünsche ich mir jetzt eine Pauschalreisegruppe an meine Seite, nur um Ablenkung zu haben. So speise ich alleine und fühle mich erstmals wie ein Landei in der großen Stadt.

Melancholisch legen die Gedanken ein schweres Tuch über den Abend. Die Unzufriedenheit nagt am Sinn aller Entscheidungen und macht mich nachdenklich. Ich habe das Gefühl, nicht das zu bekommen, nach was ich verlange. Aber was erhoffte ich mir wirklich? Die Aussicht auf erlebnisreiche Ausflüge mit Deutschsprachigen? Dann hätte ich bei Neckermann buchen sollen! Dass die Kubaner hier auf mich warten und mich alle verstehen? War ich dem Gedanken verfallen, ich würde wie seinerzeit Marco Polo eine unbekannte Welt erobern? Oder wie Kolumbus? Ich weiß nicht, was es ist, doch ich kenne das Gefühl. Es ist der Entdeckergeist, der in mir schlummert, die Neugierde auf das Unbekannte, die befriedigt werden will. Die allerdings heute zu kurz gekommen ist. Eine Woche nur am Strand liegen, dazu Rund-um-die-Uhr-Animation und keine weitere Abwechslung, das stelle ich mir grauenhaft vor. Ich bin ehrlich: Bis gestern konnte ich auch negativen Seiten viel Positives abgewinnen und es zumeist ins Gute wenden. Ich hatte noch nie Probleme damit, irgendwo alleine zu sein. Das Reisen ohne Partner und ohne Reisegruppe lässt alle Möglichkeiten offen und jede Gelegenheit scheint greifbar, zwingt mich jedoch zu ständigen Entscheidungen. Niemand räumt den Weg frei oder hält eine Fahne hoch, der man blind folgen muss. Jede Medaille hat zwei Seiten. Hier die Vor- und Nachteile vom individuellen Reisen.

Vorteil 1: Ich kann tun und lassen, was ich will, egoistisch sein, brauche auf nichts und niemand Rücksicht nehmen und werde nicht aufgehalten.

Nachteil 1: Ich muss ständig in Bewegung sein, mich immer wieder selbst motivieren, um voranzukommen.

Vorteil 2: Ich komme näher an das kubanische Leben, wenn ich selbst wie die Kubaner in der Schlange stehe und kein vorgefertigtes Menü serviert bekomme, das nach touristischem Mittelmaß schmeckt.

Nachteil 2: Es ist zuweilen anstrengend, „raubt" wertvolle Urlaubszeit und Energie, alles selbst zu organisieren.

Vorteil 3: Was ich erlebe, empfinde ich als vollständigen Eindruck, denn ich habe mir den Moment selbst geschaffen.

Nachteil 3: Ich kann an manchen Tagen meine Erlebnisse nur mir selbst mitteilen, erhalte kein Feedback oder Widerspruch und lerne nur diese Seite kennen, die ich wahrnehme.

Der dritte Nachteil ist der einzige Fehler im System! Weil ich nicht umgehend eine zweite Meinung erhalte, keine Auskunft zu den vielen Fragen. Keine Antwort ist auch keine Lösung. Weshalb mache ich es dann? Warum verzichte ich auf Reiseleiter? Mag ich mit niemandem reden? Will ich diesen einen Moment nur für mich? Bin ich ein notorischer Einzelgänger? Ich denke, die Antwort ist einfacher: Ich mische mich gerne unter Menschen, lerne die fremde Kultur am eigenen Leib kennen und kann ein Land intensiv erleben. Letztlich komme ich dem bereisten Land sehr nahe. Es ist aufregend und eine interessante Herausforderung, neuen, ungewissen Situationen in einer immer wieder unbekannten Welt zu begegnen. Oder die Gegenfrage: Warum gibt es Reisetagebücher? Ich liebe es, ein Land „für mich zu erobern", die Gedanken an das Fremde festzuhalten, die Begebenheiten in kleine Geschichten zu verpacken und mich auch noch nach Jahren daran zu erinnrn. Die letzte Seite wird noch lange nicht geschrieben sein.

Nach einer traumlosen Nacht beginnt der Tag keineswegs mit einem Freudenfest. In der Reisekasse verbleiben für die dritte und letzte Urlaubswoche nur noch 80 CUC und 240 Euro. Sind die Ausgaben auch weiterhin so hoch, und davon ist auszugehen, wird Kuba nicht in die Rubrik Billig-Urlaub fallen. Durch die Touristenwährung ist Kuba teuer, abgezockt wird wie in vielen anderen Ländern auch, Touri-Fallen gibt es überall. Nur hier scheint es sogar staatlich

organisiert. Die weltbekannten Zigarren und andere Reise-
andenken sind ferner noch nicht gekauft.

Die Schlange vor der Wechselstube reicht bereits bis zur
anderen Straßenseite, wo sich eine Menschentraube unterhält. „Esta ultimo?" frage ich in die Runde. Ein älterer Mann
nickt und bedeutet, nach ihm sei ich an der Reihe. Wo zu
Hause alle hintereinander geduldig warten, fragt man hier
einfach, wer der letzte Wartende sei, merkt sich dessen
Gesicht und kann nach demjenigen eintreten. So etwas
erlebte ich bislang nur einmal in Russland. Da dies hier alle
so halten, sind in der Zwischenzeit Besorgungen denkbar,
der Platz ist einem sicher. Ebenso wäre es den Kubanern
möglich, mit dem Geld, von dem sie zu wenig haben, in
Läden zu shoppen, die nicht viel anbieten können. Davon
muss ich mich ungewollt schnell überzeugen, denn ohne
Reisepass gibt es außer einem mitleidigen Augenaufschlag
überhaupt kein Geld. Also zurück zur Unterkunft, und als
ich zurück bin, stehen nur noch zwei Personen und der alte
Mann vor mir.

Weiter auf Entdeckertour. Welchen Ort man in Kuba auch
bereist, irgendwo gibt es immer einen „Plaza de la Revolucion". Der hier in Camagüey gehört zu den schöneren
Aufmarsch- und Versammlungsplätzen. Eine endlose Weite,
rundherum flankiert von hohen Fahnenstangen, vereinzelt
flattern rote Flaggen, an der Stirnseite steht ein überwältigendes Denkmal. Kein Marx, kein Engels, kein Lenin,
nein, die kubanischen Helden werden hier gepriesen. Jose
Marti, Maximo Gomez und – natürlich – Che Guevara. Für
immer und ewig sei der Sieg unser! Sozialismus, wie habe
ich dich für diese Platzverschwendung gehasst, für diese
Militärparaden, wo nur du dich feierst! Und wo ich früher
unzählige Male zwischen der ersten und zehnten Klasse in

Reih' und Glied zum Appell anstehen musste, sozialistische Lieder vom Freiheitskampf sang und auf den Kampf gegen den Imperialismus eingeschworen wurde. In U-Form hieß es antreten auf dem Schulhof, in Fünferreihen marschieren, wichtigen und zumeist unwichtigen Reden über Frieden und gesellschaftliche Zukunft lauschen und irgendwie an das Gute im Menschen glauben.

Nur Sekunden sitze ich auf der Mauer, will den leeren Platz auf mich wirken lassen und in Erinnerungen wühlen. Bilder ziehen vorbei, vom Fahnenappell, von grauen Gesichtern, dann höre ich die imaginäre Stimme der Pionierleiterin: „Für Frieden und Sozialismus: Seid bereit!" und wir Jungpioniere riefen fröhlich zurück: „Immer bereit!" Plötzlich taucht ein Uniformierter auf, bleibt einige Meter entfernt stehen und wirft einen aufgeregten Blick zu mir. Die Handbewegung ist eindeutig. Ja, ich habe verstanden, nur fort von hier. Und auf der Mauer sitzen geht schon mal gar nicht! Papa Staat wacht schließlich überall. Manchmal habe ich sogar den Eindruck, dass es sogar mehr einsatzbereite Staatsdiener in Kampfmontur auf den Straßen gibt als Zivilisten. Sage da noch einer zu Deutschland „Bullenstaat". Am besten mit Kuba-Flagge in der Hand und Che Guevara auf dem T-Shirt. Dummheit kommt von der Unkenntnis der wahren Begebenheiten. Und die Lüge fängt bereits mit dem Verschweigen der Tatsachen an. Das sind Grundlagen, die jede Diktatur benötigt, um ein Volk gefügig zu machen. Wie froh bin ich doch, dies nur 16 Jahre lang ertragen zu haben. Nur eine gesamte Kindheit lang.

Abermals streune ich durch die verwinkelten Gassen, bin jeden Augenblick auf der Suche nach dem perfekten Kuba-Bild. Und jedesmal, wenn ich es sehe, wie zum Beispiel den Zigarre schmauchenden Alten, der in seiner Türe steht und verträumt die Straße entlang blickt, schaffe ich es nicht, den Fotoapparat anzusetzen. Zu sehr fühle ich mich als „Spanner", als neugieriger Beobachter einer verheimlichten Welt. So ähnlich wie in dem staatlichen Lebensmittelladen, einem schmuddeligen und düsteren Geschäft, dessen Regale leergeräumt sind, drei Verkäuferinnen hinter der Theke den Hungrigen nicht viel anzubieten haben. Sie stehen hilflos nebeneinander, vor verwaisten Ablagen und kahlen Wänden.

Wie bereits erwähnt, können die Kubaner mit besonderen Lebensmittelkarten eine rationierte Grundversorgung sicherstellen, die jedoch nur den nötigsten Bedarf abdeckt und jeden Monat unter anderem etwas Reis, Zucker, Salz, Fleisch, Eier, Bohnen und Brötchen vorsieht. Doch nicht immer werden die stark subventionierten Waren ausgeteilt, weil sie einfach nicht vorhanden sind. Dann muss auf die teuren Devisenläden oder Bauernmärkte ausgewichen werden. Bei letzteren hat längst eine Art Kleinkapitalismus Einzug gehalten, wenn Privatpersonen ihre eigenen Erzeugnisse verkaufen, die nicht eben billig, jedoch sonst nirgends zu bekommen sind. Steffen erzählte mir in Havanna davon, auch dass die Regale oft so leer sind wie heute. Obwohl ich 120 Peso in der Casa tauschen konnte, mag ich nicht einmal ein billiges Brötchen kaufen. Wenn ich es denn bekommen hätte, da es wie gesagt die Waren nur auf Bezugsschein gibt. Zu groß ist die Hemmschwelle, den Einheimischen etwas zu nehmen, was sie sich woanders und teurer als hier nicht leisten können. Eigenartig, ich nehme gewissermaßen Rücksicht auf den Sozialismus. Zwei Läden weiter werden Erdbeer-Joghurt-Drinks angeboten. Ich meine jedenfalls, dies stünde auf dem Lebens-mittelaushang. Verunsichert schaut die Verkäuferin zurück, ob ich denn wirklich eine Flasche Sauerrahm kaufen wolle? Eine dunkelhäutige

Kubanerin, die hinter mir wartet, gibt zu verstehen, dass die aufgemalte Erdbeere nur Verzierung sei. Sie lacht mit breitem Mund und fragt, wo ich denn herkäme und wie mir Kuba gefällt. „Perdone in anglis, por favor!" Sie wiederholt, doch ihr Englisch ist kaum zu entschlüsseln. Der Versuch scheitert, von ihren Lippen abzulesen, scheint sie jedoch herauszufordern. Recht offenherzig steht sie schließlich vor dem Geschäft, schiebt sich nah heran, ihre Oberweite ist deutlich zu spüren, sie hat ihren Arm kurz um meine Hüfte gelegt. Ein fordernder Blick aus pechschwarzen Augen, ein leichtes Kribbeln, eine weitere unmerkliche Berührung. Mein Blick fällt auf ihre Rundungen, es ist Leben unter der Bluse. Pralles Leben. Was geht in ihr vor? Oder sollte ich besser fragen: Was geht in mir vor? Bis zur nächsten Kreuzung begleitet sie meinen Weg, dann trennt uns leider das Verständigungsproblem. Oder zum Glück? Sie wollte mit mir in ein Café, soviel konnte ich noch übersetzen. Ich verstand etwas von Coppelia und Eis und ich hätte sie eingeladen, so verlockend wie das klingt. Doch vom ersten Moment an wurde ich das Gefühl nicht los, sie wollte mehr. Sie wollte, dass ICH mehr will!

In der nahen Snack-Bar gerate ich endlich dazu, Postkartengrüße in die Heimat zu schreiben. Und das allein! An der gegenüberliegenden Station herrscht etwas Betrieb, ein Zug fährt ein, Güterwagen werden auf ein Abstellgleis rangiert. Der Bahnhof scheint wirklich aus der Zeit gefallen zu sein, ein Abbild vergangener Jahrzehnte. Gras wächst zwischen den Gleisen, die alten Holzschwellen sind fast verrottet, Weichen und Signale werden noch mechanisch bedient. Ich betrachte die Maschine, die aus Russland stammt, das verraten die kyrillischen Buchstaben. Ich bin neugierig und als Mitarbeiter der Deutschen Bahn – oh nein, ich weiß, was

Sie jetzt denken, bisher erschien ich als sympatischer Weltreisender und nun geistern Momente der Verspätung und verpasster Anschlusszüge durch ihren Kopf. Aber blenden Sie das einmal aus. Also, als Eisenbahner interessiert es mich, wie es andere Bahnen so halten. Seit 1837 gibt es hier die Eisenbahn, ursprünglich gebaut für den Zuckerrohrtransport. Kuba war das fünfte Bahnland weltweit. Man könnte also eine lange Geschichte über verpasste Anschlüsse schreiben, wenn man sich nur auf das Negative konzentriert.

Die Sonne senkt sich, läutet den Abend ein, die Karten sind geschrieben und das Malzbier will bezahlt werden. Bezahlen? Mit was? In der Tasche findet sich, findet sich - findet sich nichts. Ein ernüchternder Griff ins Leere. Der Fotoapparat ist da, der Haustürschlüssel und ebenfalls der Reiseführer. Auch die kleine Flasche Wasser und einige Taschentücher. Nicht mehr und nicht weniger. Sofort sind die Gedanken bei der schwarzfarbenen Schönheit von vorhin. Wohin ging ihre Hand wirklich? Diente die Umarmung der Ablenkung? Ein Anflug von Panik macht sich breit. Bestürzt stehe ich auf, schaue unter den Tisch, unter den Stuhl, nochmals in die Tasche. Jede Sekunde eine andere Körpertemperatur. Heiß, kalt, Schweiß tropft von der Stirn, das Herz rast, ein fröstelnder Schauer jagt über den Rücken. Der junge Kellner steht noch kassierend am Nachbartisch, schaut genauestens herüber, als müsse er mir jeden Moment den Fluchtweg abschneiden. Erneut taste ich in den Hosentaschen, auch wieder in die, wo sich noch nie das Geld befand, noch etwas tiefer und - und ich möchte umgehend der christlichen Kirche beitreten. Nicht dass ich überhaupt ein Gebet kennen würde, aber für den Moment danke ich dem Weißbärtigen, halte überglücklich die kleine Lederbörse in den Händen. Was? Ein CUC für ein Malta? Hier, nimm zwei, strahle ich den Kellner an. Das Leben kann so schön sein! Den boshaften Gedanken an das Mädel streiche ich und wünsche ihr das Beste dieser Welt. Vielleicht wollte sie wirklich nur einen Kaffee trinken und suchte etwas Unterhaltung und hatte keine weiteren Absichten. Außer bezahlten Sex.

Ich werde sicher nicht als Prophet in die Geschichte eingehen. Aber wie geahnt und irgendwie erwartet, fällt die Casa-Rechnung etwas höher aus. Die kleine Flasche Mineralwasser wird tatsächlich mit je einem CUC berechnet. Gegenüber dem Abendessen in Viñales bleibt es zwar im Rahmen, sofern man jenes als überteuert bewerten kann. Allerdings verwundert es, dass sich die Vermieterin erst bei der Post nach den richtigen Briefmarken erkundigen müsste. Blitzschnell sammelt sie alle Karten und Marken ein. Ich bin so frei und unterstelle ihr, sie wird wissen, welches die richtigen Briefmarken nach Europa sind! Jeder dritte Gast wird sie das fragen! Und sie weiß, dass ich in einer Stunde weg bin. Dann kann sie die Postkarten sogar „wegwerfen" und die Marken behalten und weiterverkaufen. Praktisch macht sie es womöglich auch. Immerhin sind das 16 CUC! Och nee, keine Postkarten aus Kuba angekommen? Das war bestimmt die kubanische Post. Böser Sozialismus!
    Ein paar warme Worte zum angenehmen Aufenthalt, dann wartet derselbe Taxifahrer mit seinem Kompagnon von der Hinfahrt und bringt mich zur Busstation. Der stämmige Typ ist so etwas wie der Zuhälter vom Taxifahrer. Das Beziehungsnetzwerk zwischen Casa – Taxifahrer – Jinetero wird dicht gesponnen sein. Hilfst du mir, helfe ich dir. Eine Hand wäscht die andere. Da erhält jeder etwas von meinen

fünf CUC. Was hätte ein anderes Taxi gekostet? An wen hätte ich mich wenden müssen? Wann würde ich abgeholt? Warum habe ich keins bestellt? Fragen, die auf keine Antwort warten. So lächelnd die Vermieterin auch durch den Tag schreitet, die ganze Bande der Schlepper könnte sie mit Handschlag begrüßen. Im Sozialismus stecken alle unter einer Decke. Jeder für sich und gemeinsam gegen den Staat. Ein enges Beziehungs-geflecht, das ist im Castro-Staat unabdingbar. Schadet im Kapitalismus „Vitamin B" nur dem, der keine Beziehungen hat, ist es hier Voraussetzung, um überhaupt über die Run-den zu kommen. Erinnert sei an das verschmitzte Lachen von Fernando in Trinidad. Da hing nicht nur einmal eine Plastiktüte an der Eingangstür, klingelten Leute, die sicher nicht vom sozialen Bringdienst waren. Für den Bau seiner neuen Küche konnte er das eine oder andere beschaffen, wie er augenzwinkernd bedeutete. Gegen Devisen kann er alles bekommen und das sollte für ihn und alle anderen, die mit und durch Touristen ihr Geld verdienen, eine der kleineren Schwierigkeiten sein.

Die Rebellen sind nicht tot

Am Busbahnhof heißt es warten. Ewig warten und nicht wissen, wann der Bus kommt und ob mir überhaupt ein Ticket verkauft wird. Von allen Seiten Schulterzucken und Kopfschütteln. Fahrkartenverkauf und eine vorherige Reservierung sind nicht möglich. Auch wird kein Preis genannt. Sobald jedoch der Viazul-Bus vorfährt, und das auf die Minute pünktlich, werden alle Wartenden nacheinander in das Büro des Stationsleiters vorgelassen. Dann folgen fünfeinhalb Stunden bis Santa Clara. Über die Busfahrt verliere ich keine Worte, über die Gedanken zur weiteren Reise schon. Was erwartet mich dort? Welche Geschichte wird mir begegnen? Wird mich das Gefühl der siegreichen Revolution überfluten? Wird es den Rebellen in mir wecken? Wir sind auf dem Weg zu jenem Ort, an dem Alles begann. Santa Clara symbolisiert Ende und Anfang zugleich. Hier wurde der Kampf der Rebellen gegen das Batista-Regime gewonnen, hier wurde der Grundstein für die Castro-Dynastie gelegt, hier wurde die Freiheit Kubas zurückerlangt. Die Freiheit von der Jahrhunderte dauernden Unterjochung als spanische Kolonie und nachfolgende Abhängigkeit zur USA. Hier begann einst die Zukunft.

Nach dem Aussteigen umringt mich nur eine kleine Menschentraube. Eigentlich soll mich jemand abholen, doch nirgendwo wird ein Namensschild hochgehalten oder mein Name gerufen. Das abendliche Sonnenlicht flutet den Busparkplatz und einige Visitenkarten strecken sich mir entgegen. „Veinti dolares? Esta incluido desayuno?" Es ist immer derselbe Spruch. „20 Dollar? Inklusive Frühstück?"

Und es ist so ziemlich der einzige, den ich fehlerfrei aufsagen kann. Ein Kubaner lacht vergnügt und strahlt Freude aus. Ich akzeptiere, handeln ist nicht meine Welt, ich werde den Preis nicht nach unten drücken. Nur bei den Taxifahrern gelingt es. „Cinco CUC?" schaue ich belustigt, lache mit voller Brust und entgegne hartnäckig „dos CUC", bis einer schließlich einwilligt.

Die Fahrt zur Unterkunft dauert nicht lang und führt an „verkommenen" Unterkünften vorbei. Eine unspektakuläre Stadt, trostlos die Straßen, verfallen die Häuser und die Fassaden manchmal kurz vor dem Zusammenbruch. An manchen Orten sieht es aus wie nach einem Krieg. Grau in grau und dazwischen etwas dunkelbraun und schwarz. Eingestürzte Dächer, Steinhaufen am Straßenrand, weniger Autos als bisher, kein Glanz in den Gassen. Der Schmuck ist abgelegt. Es ist absolut nicht einladend, mit solchen Anblicken begrüßt zu werden. Wenn der bekannteste Mann in Kuba nach Fidel Castro nicht gerade hier die Revolution entschieden hätte, dieser Ort würde nicht einmal das Frühstück wert sein. Braucht eine Stadt, die untrennbar mit dem Namen Che Guevara verbunden ist, das rebellische Aussehen eines Ortes direkt nach der letzten Schlacht?

Ein enges Zimmer im 2. Stock. Die Vorhänge sind zugezogen, Licht spendet nur eine Neonröhre. Ich bin noch mit dem Auspacken vom Rucksack beschäftigt, als eine laute Stimme von der Straße herauf tönt. „Are you Reiko? From Germany?" Auf dem Balkon nebenan steht ein Tourist, der hier im zweiten vermieteten Raum wohnt. Mich durchzuckt es wie ein kleiner Stromschlag. Der meint mich!, und laufe rasch zum Balkon hinaus. Das muss einer von der Casa sein, dessen Visitenkarte mir in Camagüey gegeben wurde. „Si, esta soy" blicke ich nach unten. Aufgelöst schaut ein

älterer Mann abwechselnd zu mir, Nathan und der Vermieterin, die immer „No, no!" sagt und an meinem Arm
zupft. Lautstark rufe ich zurück, er sei zu spät und war
nicht an der Bus-Station. Grimmig blickt er nach oben,
fuchtelt wild mit den Armen, schiebt kopfschüttelnd sein
Fahrrad weiter. Ich habe mich bereits entschieden: Ich bleibe
hier! Von Nathan und seiner Freundin gibt es einige Infos,
wir sitzen auf der Dachterrasse, erzählen Reiseberichte, so
wie es Traveller überall auf der Welt tun. „Und wenn ihr in
Trinidad seid, hier ist die beste Adresse." Er dreht die
Visitenkarte von Fernando herum und stellt lachend fest:
„You're a jinetero!" So wandert eine Empfehlung, die ich von
Frank in Havanna erhielt, guten Gewissens an zwei Eng-
länder weiter. Am Horizont vergeht langsam die Sonne und
taucht hinter das noch schemenhaft zu erkennende Ché
Guevara-Monument. Morgen wird es ein revolutionärer
Tag.

Straßenlärm um sieben. Dazwischen Stimmengewirr, unverstandene Worte. Von der Gasse dringt Kindergeschrei
herauf, Fenster schlagen auf und wieder zu, ein Hahn kräht,
als wäre es sein letzter Morgen. Es ist stickig und warm,
einen Ventilator suche ich vergeblich, ebenso wenig gibt es
ein eigenes Bad. Dieses muss mit den anderen geteilt werden.
Nur ein Doppelbett passt in das Zimmer und ein schmaler
Schrank. Dazu sind die Wände weiß gekalkt und sie sind
massiv, es sieht aus wie in einer Gefängniszelle, der Fenster-
vorhang ist nur Attrappe, der den Blick nach draußen unmöglich macht. Ein Hotelzimmer ohne Fenster ist wie ein
„Sarg mit Room-Service". Man fühlt sich lebendig begraben.
Die billigste Zimmervariante, der volle Preis.

Wer einmal in Santa Clara ist, der kann nur ein Ziel haben: Auf zum Ché Guevara-Ehrenmal. Die Vergangenheit spricht auch mehr als nach einem halben Jahrhundert Bände. Der Hype um seine Person, sein Wirken, sein Leben. Seine Geschichte über-strahlt hier jeden Moment. Sein Konterfei strahlt von T-Shirts und auf Kuba-Flaggen. Ché Guevaras Geist ist allgegen-wärtig[5]. Er ist in Kuba unsterblich und in der westlichen Welt ebenfalls. Als Frau würde ich wahrscheinlich seinen Sex-Appeal in den Vordergrund rücken, seine Aura um-schreiben und von „make love not war" träumen. Ver-zaubert vom sanften Blick des Revoluzzers schwärmen. Er stand dafür, mit voller Konsequenz für seine Ideale ein-getreten zu sein. Koste es was es wolle - und koste es das Leben. Das war es wert für den ewigen Guerillakrieger.

Riesig ragt die Bronzestatue in die Höhe, hat etwas Erhabenes, Stolzes, das eine monumentale Kraft verströmt. Gefesselt stehe ich vor dem Che Guevara-Denkmal. „Ina, der Gedanke hier geht nur an Dich!" erinnere ich an die Worte einer früheren Bekannten: „Toller Mann, ein ganz toller Mann!" Sie war von ihm begeistert ohne Ende. Von einem Mann, der für seine Überzeugungen starb.

Im Museum nebenan sind die Bilder vom gemeinsamen Revolutionskampf mit Fidel Castro zu betrachten, zumeist Fotos von entspannten und lachenden Menschen, in adrette Uniformen gekleidet. Es muss eine Menge Spaß gemacht haben, so eine Revolution, blicke ich auf ein Bild, das Ché mit einem Golfschläger in der Hand zeigt. Auf anderen dann wieder mit unzähligen Pistolen und Gewehren bewaffnet, mit denen er mit den Castro-Vasallen gegen das Batista-

---

[5] www.stern.de/politik/geschichte/che-guevara-revolutionaer-und-popstar-3336680.html

Regime kämpfte. Tief im Innern rumort ein beklemmendes Gefühl. Es wird deutlich, dass es ein Krieg war und keine friedliche Revolution, ein Kampf mit Waffengewalt und bis aufs Blut. Wäre Ché Guevara nicht Jahre später als Märtyrer gestorben, sein Stern wäre nie so hoch in alle Welt gestiegen. Die Linksautonomen hatten ihn schnell zur Ikone erhoben. Ché stand für ein Lebensgefühl und für den Kampf gegen das Establishment. Was immer das auch bedeuten soll. Nach der Revolution war er Wirtschaftsberater, stieg zum Präsidenten der Nationalbank auf (1959-1961) und war dann Industrieminister. Er enteignete Großgrundbesitzer, gestaltete eine Bildungs- und Siedlungsreform, deren Umsetzung jedoch an seinen idealistischen Gedanken scheiterte. Man könnte auch positiv formulieren: sie scheiterte an den Umständen. Was aber, wenn seine Reformen nicht die gewünschten Ergebnisse brachten, wenn er seine politischen Ziele nicht durchsetzen konnte? Ein jeder hat seine Aufgabe im Leben, und die von Ché Guevara sollte sein, wieder an vorderster Front zu kämpfen. Seine Bestimmung war es, Lateinamerika vom Joch des Kolonialismus befreien. Er ging wieder zu seinen Anfängen zurück. Bis der Commandante 1967 auf dem Schlachtfeld in Bolivien hingerichtet wurde. Wie viele Menschen er wohl auf dem Gewissen hatte?

Einmal quer durch die Stadt, mit einer Fahrradrikscha, hin zu den ausgestellten Güterwagen des Munitionszuges, die Che Guevara am 29. Dezember 1959 entgleisen ließ. Es war die letzte Schlacht der Revolution, der Diktator Batista floh nach Amerika, der Kampf war gewonnen und der Ruhm von Che besiegelt. Wie sähe die Vergangenheit und damit Kubas Zukunft wohl heute aus, wenn Che Guevara und

Fidel Castro die Revolution nicht vollendet hätten? Was wäre aus der Geschichte geworden, bei einer Handvoll anders getroffener Entscheidungen? Gewollt oder ungewollt, je nach politischer Anschauung.

Castro hatte die Macht ein halbes Jahrhundert inne und Ende 2008 auf seinen Bruder übertragen, auf den Armeegeneral Raúl Castro. Alte Gesichter, neue Köpfe? Wird es mit ihm Reformen geben? Verschiedene Perspektiven, Befürchtungen, mögliche Szenarien, die sich aufdrängen und die Zukunft Kubas prägen könnten.

Gedankenspiele.

Weit reichende Änderungen im Staatsapparat und damit einhergehende Lockerungen in der Wirtschaft ziehen Investoren an, dazu die Liberalisierung der Landwirtschaft und die Zulassung von privatem Kleingewerbe führen zu einem Wachstum der kubanischen Volkswirtschaft. Umwälzungen, wie sie in China oder auch in Vietnam zu einem sozialistischen Kapitalismus geführt haben. Wo sich die Menschen als Kleinunternehmer selbstständig machen und am gesellschaftlichen Aufstieg teilhaben. Und das nicht nur wie hier im Tourismusbereich oder als Kleinbauern. Vom riesigen Schwarzmarkt einmal ganz abgesehen. Der Nutzen liegt auf der Hand, wenn dadurch die Versorgungslage ohne staatlichen Einfluss und ohne Generalverteilung sichergestellt wird. Der Makel findet sich in der weiter öffnenden Schere zwischen denen, die Kapital zur Verfügung haben und jenen, an denen der Boom vorüber streicht. Also ein schleichender Einzug des Kapitalismus, der den real existierenden Sozialismus schrittweise aushöhlt.

Folgt gar eine Abkehr vom Sozialismus? Wie sähe Kuba dann aus? Die USA würden ihr Embargo gegen Kuba aufheben, Firmen werden privatisiert oder neu gegründet, Geld überschwemmt das Land. Amerikanische Dollars renovieren die vergangenen fünfzig Jahre. Der morbide Charme Havannas schleicht sich überdies aus der Stadt. Mittels US-Kapital, das Kuba überrollt, gewissermaßen aufkauft. Das Ende der Castro-Dynastie macht das Eiland vor der amerikanischen Haustür zu dessen 51. Bundesstaat. Braucht es dazu eine Revolution von innen?

Oder dauert der post-revolutionäre Stillstand weiter an? Igelt sich Kuba ein, schottet sich gar ab wie einst Nord-Korea? Werden Reformen unterdrückt, Gegenbewegungen blutig niedergeschlagen? Kommt es wieder wie in den 1990ern zu einer „Periodo Especial en Tiempos de Paz", der Sonderperiode in Friedenszeiten mit Nahrungsknappheit und dramatischer Versorgungslage der Bevölkerung? Ist der Niedergang dann noch aufzuhalten? Braucht es wieder ein „Socialismo o muerte"[6], um den Leitspruch der alten Revolutionäre zu erneuern?

---

[6] „Sozialismus oder Tod" – Fidel Castro zur gescheiterten Invasion amerikanischer Exil-Kubaner in der Schweinebucht (April 1961)

Die touristische Revolution

Es war eine lebendige Reise in die Vergangenheit, eindrucksvoll der Freiheitskampf der Rebellen. Santa Clara ist Geschichte, ein Ort, der durch die Revolution jede Sekunde
Geschichte atmet. Vergangenheit, die nun hinter mir liegt.
Ich besuchte das Mahnmal Che Guevaras, dessen Museum,
sah Bilder vom Freiheitskampf und dass es um reinen
Idealismus ging. Rebellion gewonnen, Zukunft verloren.
Nach vorne soll sich der Blick richten, der Abendsonne
entgegen. Doch oft kommt es so anders als man denkt. Der
große Hammer soll mir heute erst noch bevorstehen.

Die Busfahrt ist erträglich. Keine von innen vereisten
Scheiben, die Aircondition kühlt moderat, die Sitze sind
bequem und da wir in der Ebene fahren, schaukelt der Bus
auch nicht wie auf hoher See. Ein Ticket habe ich bis
Havanna gelöst, wusste beim Einsteigen jedoch nicht, wie
weit ich mitfahren werde. Drei Tage bleiben noch bis zum
Rückflug, vier Nächte und der Rest von heute. Nicht genug
für große Entfernungen, lange Strecken sind bei dem
alltäglichen und überschaubaren Fahrplan einfach nicht
drin. Das Beförderungsproblem verfolgt einen in Kuba auf
Schritt und Tritt. Wenige Verkehrsmittel, nicht vorhandene
Buslinien, überteuerte Taxis. Ein Zugticket ist auch nirgends
zu bekommen. Kurz entschlossen steige ich in Varadero aus
und bleibe auf der Halbinsel der Sonnenanbeter und
Pauschaltouristen. Mit traumhaft weißen Sandstränden,
Sonnenschein ohne Ende, ein Paradies unter schattigen Palmen – das Touristenmekka schlechthin. Nebenbei, bei einer

Weiterreise würde der Bus erst nach Mitternacht ankommen. Und wo dann eine Übernachtung finden?

Bei der Abreise erhielt ich wie schon oft zuvor einen Hinweis zu einer günstigen Unterkunft. Für allein reisende Touristen ist Kuba keine billige Unternehmung. Und Varadero ist das Eldorado im Pauschaltourismus, mit entsprechend hohen Kosten für all jene, die Individualität suchen. Irgendetwas gefällt mir heute nicht daran, zu sehr machen die Casa-Betreiber gemeinsame Sache, kennt natürlich jeder jeden und sie reichen den Urlauber wie einen Wanderpokal weiter. Zu meinem Leidwesen sind Casa particulares in Varadero strikt verboten und illegal, dennoch, so war die Empfehlung, diese Adresse sei billiger als alle anderen Hotels.

Endlich Ankunft am Busbahnhof, nur wenige Touristen steigen aus, die Umgebung ist menschenleer. Einige Meter zu Fuß weiter, den Blick auf die schwarze See gerichtet. Schnell strömt der Geruch von Meer und toten Fisch in die Nase. Scheinwerfer teurer Limousinen tauchen auf, rasen mit hoher Geschwindigkeit vorbei und suchen den Weg zu den Luxusunterkünften weiter östlich am goldgelben Strand. Ich kreuze breite Straßen, die vom Laternenlicht taghell ausgeleuchtet werden und zu einzeln stehenden Hotelanlagen führen. Zu den funkelnden Wohnburgen der Tourismusindustrie, die im sozialistischen Glanz erstrahlen. Willkommen in der Welt von Varadero!

Ein Bretterverschlag duckt sich an die Rückseite eines mehrstöckigen Hotels. Dreimal soll ich klopfen, einen Moment warten und dann abermals klopfen. Ich trete einen Schritt zurück, die Tür öffnet sich einen Spalt und schließlich stehe ich einer kleinen, dünnen Kubanerin gegenüber, aus deren faltigen Gesicht das Leben spricht. Alles in mir schreit: „Nein, hier nicht!", doch ich überhöre meine innere Stimme. Wo soll ich jetzt auch noch woanders hin? Das Mütterchen führt mich in eine enge Bruchbude, direkt neben einem hohen Hotel gelegen, in ein dunkles, abgewohntes Zimmer. Mich empfängt miefiger Geruch. Ein Lampenpendel hängt von der Decke, es gibt keine richtigen Fenster, nur Jalousien geben etwas Sichtschutz zum daneben gelegenen Abstellraum. Auch keinen Tisch, einzig ein wackliger Stuhl steht an der kahlen Wand. Die Luft ist zum Schneiden. Frühstück gäbe es nicht, vom Kiosk gegenüber könnte ich jedoch Kaffee holen. Ich halte einen Moment inne und stelle mir folgende Frage: Muss der Urlaub denn so billig werden? Ich will es nicht wahrhaben. Anstatt in einem freundlich hellen Hotelzimmer mit Meeresblick hause ich in einem Loch! Und das nur, um mickrige zehn oder zwanzig Euro zu sparen. Keine zweite Nacht will ich hier bleiben, das ist schnell entschieden.

Mitternacht, die Ohrstöpsel sind gerade 30 Sekunden im Ohr, läuft im Nebenraum ein Generator an. Mirta, die in die Jahre gekommene Hausherrin, sprach vorhin irgendetwas davon, dass gegen ein Uhr für zehn Minuten „Turbinas" Krach machen. Ich habe es nicht genau verstanden. „Rrrrrr……" bedeutete sie mit rauchiger Stimme und kreiste wild ihre Hände. Nach einer Viertelstunde ist der Lärm vorbei, der, so scheint es, jede Stunde von vorn beginnt. Oder habe ich das alles nur geträumt?

Diese Privatunterkunft ist ein trauriger und unverstellter Blick in den sozialistischen Hinterhof. Bei den Casa particulares herrscht ein bestimmter Standard, sozusagen mittlere Tourismus-Kategorie. Bei Mirta nicht, das ist Kuba pur, zumindest für diejenigen, die nicht permanent an den

Devisen partizipieren und die ihr Leben mit wenigen Pesos im teuren Varadero gestalten müssen. Die „Dusche" ist schließlich der totale Ernstfall und zeugt gleichzeitig von sozialistischer Kreativität. In einem Zwei-Liter-Behälter steckt ein nachträglich angebastelter Tauchsieder für Warmwasser. Die gute alte Schule der Improvisation. Zuerst sei der Wasserhahn aufzudrehen und anschließend ein Schalter zu betätigen, erklärte Mirta gestern mit großen Augen. Nach einer Minute kommt bereits ein lauwarmer Wasserstrahl. Kritisch beäuge ich diesen Eigenbau. Schalter an, Schalter aus. Scheint aber zu funktionieren, wird der elektrische Taster mehrfach hin und her geknipst. Nur die blanke Verkabelung über der Dusche spottet jeder elektrischen Gefahr. Diesem Provisorium mag ich nicht wirklich vertrauen.

Nach und nach bin ich eingeseift und beobachte argwöhnisch das tropfende Nass. Wer hier duschen will, der braucht Zeit. Viel Zeit, bis sich die Tropfen nach und nach auf den Körper legen. Doch kaum wird dieser Eigenbau halbwegs von mir angenommen, lässt mich ein feuriger Schmerz nach draußen springen. Shitverdammternocheinmal, was war denn das? War es ein Stromschlag, der mich von Kopf bis Fuß durchfährt? Ein rostiger Nagel am Abflusskanal, der nun blutig im Zeh steckt? Weder noch, es war Wasser, nur kochendes Wasser! Verärgert blicke ich auf den fingerdicken Rinnsal, der im Schneckentempo weiter tropft. Ökologisch geschult habe ich zum Wassersparen jedes Mal den Hahn wieder zugedreht, dabei jedoch den elektrischen Schalter vergessen. Das Wasser brodelte schon und war schlagartig heiß, heiß, heiß, als es plötzlich über meinen Rücken perlte. Dankeschön, Varadero, danke für dieses unvergessliche Duscherlebnis.

Die Gedanken hängen noch bei dieser waghalsigen Warm-Wasser-Konstruktion und dem verblassenden Schmerz, als ich beim Packen des Rucksacks an das Lampenpendel gelange, einen Kurzschluss verursache und von einem auf dem anderen Moment in tiefster Finsternis stehe. Kaum ein Lichtstrahl dringt von außen herein. Anscheinend habe ich nun die gesamte Hauselektrik lahm gelegt. Notdürftig packe ich im Licht der Taschenlampe weiter. Ich muss schnellstens hier fort!

Mirta steht kopfschüttelnd in der kleinen Küche und drückt wieder und wieder den Schalter für den Backofen. Stumm stellt sie zwei Scheiben trockenes Brot auf den Tisch, dazu ein Glas mit einer klebrigen Masse, in der, so scheint es, vor Jahren schon zwei Fliegen ihr süßes Ende fanden. Noch einmal drückt sie alle Schalter der Reihe nach. Nein, ich sage nichts. Ich will nur noch weg!

Beim Gehen halte ich ihr 15 CUC unter die Nase, immerhin ein staatlicher Monatslohn, worauf sie scharf „Veinti i cinco", also fünfundzwanzig, entgegnet und gar nicht mehr so unscheinbar und freundlich schaut. Giftige Blicke treffen mich, sie hebt das Kinn und stemmt die Arme in die Hüfte. Unsicher zücke ich einen weiteren Fünf-CUC-Schein. Wieso, weshalb, warum? Ich weiß es nicht. Es war laut, schmuddelig, stinkig und das Frühstück der Bezeichnung nicht wert. Da wären zehn CUC schon zuviel! Sie akzeptiert schließlich, lugt vorsichtig aus der Tür, damit niemand sehen soll, wenn ich gehe. Illegal bleibt illegal. Im Grunde hätte ich es auf Ärger ankommen lassen können. Wenn ich mit der Polizei gedroht hätte, wäre die Sache bestimmt schnell geklärt.

Stechend brennt der pralle Sonnenschein. Missmutig spielen die Gedanken Ping Pong. Vom Urlaub bin ich zurzeit meilen-

weit weg, stiefele schwerbepackt eine halbe Stunde zu den –
wie ich meine – preisgünstigen kubanischen Staatshotels. 15
Etagen hoch, das Meer in Blickweite, aber das haben hier ja
alle Hotels, die über fünf Stockwerke hoch sind. Die
Rezeption ist nicht unfreundlich, allenfalls etwas bieder, mit
unterkühlter Spießigkeit. Uniform die Blicke, steril die Gesichter, tonlos die Fragen. Von karibischer Lebensfreude keine Spur. Erst als eine Bedienstete den Reisepass zurückgibt
und automatisch lächelt, legt sich die Anspannung. Das
Hotel ist einfacher 3-Sterne-Standard mit Swimmingpool
und eigenem Restaurant. Ein helles Zimmer mit TV für den
vierfachen kubanischen Monatslohn. Das ist viel zu viel
(fast 60 Euro), das weiß ich und es ist ein Drittel mehr als
im Lonely Planet steht. Aber ich habe keine Kraft mehr
weiterzulaufen. Ich will auch nicht umkehren, ich will nur
irgendwo ankommen und ein zu Hause haben.

Kaum bin ich da, stellt sich die Frage: Wie komme ich am
schnellsten wieder von hier fort? Welche Möglichkeiten gibt
es und wann? Wie teuer wird es? Und wann ist der beste
Zeitpunkt? Das sind in etwa die Antworten, die ich beim
Studium der Reiseunterlagen suche, die immerhin „aktuelle"
Busfahrpläne beinhalten. Von der Rezeption erhalte ich
keine Information, außer jener vom teuren Touristenbus, da
niemand Englisch spricht. Die Bus-Verbindungen nach
Matanzas und weiter mit dem Hershey-Zug bis Havanna
sind jedenfalls einfach grottenschlecht. Reizvoll wäre eine
Fahrt mit diesem einzig verbliebenen Elektrotriebwagen
auf Kuba. Der fährt nur einmal am Tag, ist antiquiert,
heruntergekommen, in einem erbärmlichen Zustand. Das
darf ich mir nicht entgehen lassen. Ein Muss für den
Eisenbahner in mir! Und dann ist nicht sicher, ob der Zug
überhaupt verkehrt. Da kann ich mit den beiden mir zur

Verfügung stehenden Reiseführern planen wie ich will, es passt hinten und vorne nicht. Kein Zug, keine Eisenbahn, kein Abenteuer. Bleibt wieder nur eine sterile Busfahrt. Ich komme mir vor wie ein deutscher Pauschaltourist auf Mallorca, der sich über die Farbe der Sonnenschirme aufregt. Es gibt Tage, da bin ich mit nichts auf dieser Welt einverstanden. Zumindest heute mit nichts in Varadero.

Was soll ich schon anfangen mit Sonne, Sand und Palmen? Mit einem endlos langen Strand im grellen Sonnenlicht, der sich vor mir ausbreitet. Angeblich kommt jeder dritte Urlauber nur wegen der 20 km strahlend weißen Strände nach Varadero. Sie sind das Kapital dieser Halbinsel, ein Juwel unter den tropischen Ferienparadiesen. Doch wo die meisten Menschen juchzen und schreiend zum Meer stürmen, laufe ich genervt am Ufer entlang. Es ist viel zu windig, Schatten gibt es kaum, der Blick auf das azurblaue Wasser unlebendig und ermüdend. Varadero ist nicht reizlos, jedoch monoton und einschläfernd im Vergleich zum restlichen Kuba, dem Echten, dem Wahren, dem Schönen. Einheimische sind kaum anzutreffen, hatten früher keinen Zutritt, sofern sie nicht in den Hotels, Restaurants oder Discos arbeiteten. Das Zentrum der kubanischen Tourismusindustrie wurde lange Zeit abgeschottet vor jeder ungewollten Überraschung, war austauschbar, eine keimfreie Zone, ohne wirkliches Leben. Eine Welt aus Plastik und Gummibärchen. So begegnet es mir auch noch heute.

Nach einer halben Stunde Strandwandern will ich nur noch dem Sonnenschein entfliehen. Ich stehe vor einem Hotel, das laute, meckernde Lachen überreifer Frauen jagt in mein Ohr. Sie sitzen auf einer Hotelterrasse, die bis an den Strand reicht, in knapper Badebekleidung, die mehr zeigt als sie besser verdecken sollte und halten am Nachmittag schon Cocktailgläser in der Hand. Der beste Ort für eine Pause, ich hocke einen Tisch weiter und bestelle einen Mojito.

Neben ihnen sitzen zwei adrette Cubaneros, jung an Jahren, mit permanentem Lächeln und freiem Oberkörper, lassen die Armmuskeln abwechselnd zucken, ja, diese beiden Sunnyboys werfen verheißungsvolle Blicke auf faltige Körper. Die älteren Semester zahlen für sich und für ihre Begleiter natürlich auch und im Gesamtpaket noch viel, viel mehr. Letztlich sollen sie ihnen willenlos ergeben sein. In Thailand sind es beispielsweise dicke, alte Männer, die mit jungen Strandschönheiten die Tage und vor allem die Nächte verbringen, in Kuba alternde Ladies, die ihren dritten Frühling erleben. Es ist das Spiel der Prostitution mit umgekehrten Vorzeichen. Nicht selten unterstützen sie ihre kubanischen Freunde auch nach der Rückreise mit Geldüberweisungen, denn eine Ansichtskarte der Alpen nützt den netten Jungs nicht viel. Da können noch so viele verliebte Gedanken mitschwingen. Sie geben ihren Körper, schenken den glücklichen Damen Aufmerksamkeit und gekommene Stunden. Und wollen nichts weiter als Money, Money, Money.

Von einem weiteren Tisch dringt das Gekicher jüngerer Urlauberinnen her. Sie tragen ihre Bikinis zu Recht sehr knapp geschnitten, übergroße Sonnenbrillen verdecken das halbe Gesicht, sie prosten sich zu und werfen auch ein oder zwei Blicke in meine Richtung. Nur einen Tisch entfernt, doch uns trennt eine unsichtbare Wand. Es ist die Mauer der unverstandenen Sprache. Ich reagiere nicht, ich bin genervt, ich verfluche diesen Ort, ertrinke in innerlicher Zerrissenheit. Es gibt so gut wie nichts, das hier gefällt. Zu windig, zu sonnig, zu touristisch, einfach zu sextouristisch. Alles in allem ist alles zu unkubanisch. Selbst das schon hundertmal gesehene Bild vom Großvater fehlt, der mit Zigarre und Zeitung an einer Straßenecke sitzt, den Rum in Reichweite und gelassen seinen Tag und die Nacht verlebt.

Bereits an der Busstation verlässt mich weitere Energie. Zielstrebig laufe ich zum Astro-Schalter, will für morgen ein Ticket ordern. Astro - so nennt sich die Buslinie der Kubaner und die kostet weniger als die Touristenbusse von Viazul. Keine Minute verstreicht, bis ein smarter Mitarbeiter fragt, wohin die Reise gehen soll. Er trägt eine Viazul-Plakette auf der Brust. „Havanna? Si, sólo aquí" weist er den Weg zu seinem Büro. Meinen Einwurf, „no, no, con Astro" erwidert er mit einem überraschenden Lächeln. Das sei nicht möglich. Ebenso wenig vor ein oder zwei Jahren. Egal, was der Lonely Planet oder andere Berichte verheißen, es geht einfach nicht. Jedenfalls nicht jetzt, nicht heute und vor allem nicht für mich. Durch das offene Fenster klingt Motorenlärm, eine Reisegruppe wartet hinter mir.

Nach der Reservierung bei Viazul stehe ich erneut vor dem Astro-Schalter. Alleine. Ich will den Versuch noch nicht aufgeben, auf irgendeine Weise mit diesem kubanischen Bus zu fahren. Der Kontakt mit den Einheimischen wird unterhaltsamer sein und die Fahrt vor allem günstiger! Doch diesen Gedanken will die Ticketverkäuferin nicht teilen, die griesgrämig und missgelaunt an mir vorbeischaut. Da sie kein Englisch spricht oder sprechen will und nur den Kopf schüttelt, sind die Erfolgsaussichten gleich Null. Hartnäckig entgegne ich mit gebrochenen spanischen Worten, dass es möglich wäre.

"Quisiera un billet!"

"No, no!"

„Perdone, un billet, per Astro, por favor!"

„NO!" antwortet sie sichtlich genervt, wirft die Stirn in Falten und kneift die Augen zusammen. Ich will nicht wahrhaben, dass sie mir kein Ticket geben will. Für Touristen werden jeweils einige Plätze reserviert.

„Por favor!" säuselt meine Stimme, fast schon flehend. „Un billet!" Es ist erniedrigend. Ich versuche zu lächeln, gewiss nicht einfach in einem Moment, in dem ich schreien könnte. Sie neigt plötzlich den Kopf zur Seite und bedeutet mit einem verächtlichen Blick, ich solle durch ihr Büro den Gang entlang nach draußen laufen, wo gerade ein Astro-Bus wartet.

Was denn, heute und sofort könnte ich mitfahren, morgen allerdings nicht? Vielleicht würden ja ein oder zwei CUC Wunder bewirken? Ich müsste abermals die kubanische Angestellte „monetär lächelnd" umstimmen. Westgeld hat schließlich schon früher so manche Tür geöffnet. Wie auch immer, mir geht dieser ewige „Kampf ums Kleingeld" an die Nieren. Es sind die unsäglichen Regelungen und hohen Hürden, mit denen die Touristen ein ums andere Mal geschröpft werden. In Varadero noch etwas stärker als bislang erlebt.

Immerhin, die nächste Nacht ist weitaus entspannter, das Bett weich und das Frühstück ein Traum. Ich trage wieder ein Lächeln im Gesicht. Trotz Sonne und Wind oder vielmehr Wind und etwas Sonne verbringe ich einige gelöste Stunden am Strand, beende das Kapitel Varadero, verlasse am Nachmittag mit Sack und Pack diesen Ort. Knapp zwei Kilometer sind es bis zur Estacion de Autobus, ein langer Weg, den ich gestern gegangen bin. Die Frage nach einem Coco-Taxi erübrigt sich. „Five dollar?" schaue ich schnippisch. „Then stay here for a long, long time!" Die

zumeist weiblichen Rikschafahrer schauen mich teilnahms-
los an, zucken mit den Schultern und wenden sich wieder
ihren Gesprächen zu. Die Preise sind staatlich festgelegt
und gelten nur für Touristen. Also weiter. Gut hundert
Meter die Straße entlang, ein alter, verbeulter Bus fährt eine
Haltestelle an. Er hat keine Scheiben und ist verdreckt, die
Sitzpolster sind aufgerissen. Aber er fährt! Nacheinander
klappert er alle Hotels ab, ist nur für die Kubaner gedacht,
die hier arbeiten. Touristen dürfen eigentlich nicht mitfahren. Eigentlich! Ein Blick, ein Lächeln, der Busfahrer
nickt und winkt mich herein. Die Ausnahme kostet mich
0,20 CUC und ich bin endlich wieder unter Kubanern! Ja, so
stelle ich mir das vor! Nach und nach trete ich aus dem
Schatten der vergangenen Tage. Noch besser wird es am
Viazul-Schalter. Waren gestern alle Plätze für einen
früheren Bus ausgebucht, kann ich heute noch einen
ergattern. Leider fährt jetzt kein Astro-Bus nach Havanna,
aber ich bin mir sicher, bei meinem entspannten Auftreten
und etwas „Trinkgeld" würde ich einen Platz bekommen.
Dann verschwinden langsam die letzten Hotels aus meinen
Augen, verabschiede ich mich von der scheinheiligen
Varadero-Welt und weiß wieder, es ist nicht alles Gold, was
irgendwo glänzt. Havanna, ich komme!

Schöne Neue Welt

Eine entspannte Fahrt entlang der Atlantik-Küste. Im Sonnenschein drei Stunden bis zur „Perle der Karibik". Gleich nach dem Tunnel von El Morro hält der Bus. Die Jineteros beackern mich ohne Unterlass, einer verfolgt mich sogar bis auf die andere Straßenseite und noch ein Stück weiter. Keine Chance, mein Freund, zielstrebig steuere ich die Unterkunft von Zenaida an. Der Typ kann mich tausendmal Amigo nennen, die Casa nur zwei Minuten entfernt sein und der Preis innerhalb sechzig Sekunden von 25 auf 15 CUC fallen. Es gibt einfach nichts Schöneres, als von ihr erwartet zu werden.

Zenaida lehnt an der Haustür, die tiefstehende Sonne blendet und taucht die verfallenen Häuserfassaden in schimmerndes Licht. Ihre ausgebreiteten Arme und ihr fröhlicher Blick schenken mir ein Gefühl, als würde ich nach einer langen Zeit wieder nach Hause kommen. Steffen freut sich ebenso. „Wie schauts aus, wir wollen gerade was essen gehen. Willst du mitkommen?" Mit dabei sind auch Robert und Andrea, die wie er hier ein Praktikum absolvieren.

Im abendlichen Schein der Laternen begeben wir uns in Richtung Capitol. „Ich brauche noch eine Handvoll Zigarren" gebe ich meinen Wunsch in die Runde. „Kennt ihr hier irgendwo einen Laden?" In der Tabakfabrik hinter dem Capitol, wo die echten Kuba-Zigarren mit Zertifikat angeboten werden, sind diese entsprechend teuer. Mit leeren Händen stehen wir wieder auf der Straße. „Señore!" stößt ein Typ plötzlich Robert an. „Cigar, Tabaco?" raunt er kaum hörbar. Er ist einen Kopf kürzer, seine Augen sind glasig und flackern unruhig. Auffällig unauffällig folgen wir in eine Nebenstraße, verschwinden mit ihm in ein abbruchreifes Haus, laufen an unzähligen Paletten und Kartons mit Tabak-Aufschriften vorbei. Neonlampen werfen ein fahles, kaltes Licht in die Gänge. dann ein Griff ins Regal, mit festem Blick präsentiert der unscheinbare Mann seine edlen „Cohibas", verlangt 100 CUC für 25 Stück. Robert schaut zu mir, dem einzigen, der bis vor drei Wochen noch nie eine Zigarre in der Hand gehalten hat. Anscheinend sind die gut verarbeitet, die Banderole sitzt fest, kein Tabakrieseln.

Schulterzucken.

Ich weiß nicht, wie echte aussehen. Überall hört und liest man, dass die Zigarren vom Schwarzmarkt aus Tabakresten gemacht oder manchmal auch einfach entwendet und weiterverkauft werden. Die Vermutung wird vielleicht sogar bestätigt.

„Achtzig?"

Energisches Kopfschütteln, überzeugt und willensstark.

„Siebzig?"

Entschiedenes Kopfschütteln, noch unverschämt deutlich.

„Fünfzig?"

Beschwingtes Kopfschütteln, kaum wahrnehmbar.

Im Minutentakt fällt der Preis. Dann ein Lächeln für die Ehrlichkeit. Und wenn schon, könnte man meinen, andere verticken die später in Deutschland zum zehnfachen Preis und finanzieren sich so ihren nächsten Kuba-Urlaub. „No, gracias" wende ich mich ab.

In mir sträubt sich alles. Ist das nun Gaunerei oder schon Betrug? Das kann und will ich nicht fördern, vor allem keine krummen Geschäfte unterstützen. Du bist ja schön blöd, höre ich bereits die Kollegen summen. Wenn es doch alle so machen? Sei nicht dumm, du lebst nur einmal, nimm was du kriegen kannst! Worte von genau denen, die immer dann lauthals rufen, wenn sie meinen, selbst zu kurz zu kommen. Die aufpassen, dass sich alle an die Gesetze halten, sofort Gerechtigkeit einfordern und doch jeden Schlupfwinkel kennen. Deren allgemeiner Tenor ist: Du darfst dich halt nicht erwischen lassen. Zwischen Sozialismus und Kapitalismus gibt es für solche Menschen keinen Unterschied. Es wird demjenigen gut gehen, der am besten die Gesellschaftsstrukturen für sich auszunutzen weiß. Ist das vielleicht der Grund, warum mich bislang weder der eine noch der andere „–ismus" überzeugen konnte?

Ohne Einkaufserfolg entdecken wir für uns China-Town. Nur der Name erinnert noch daran, dass hier einst das chinesische Viertel von Havanna war. Wir spazieren die Hauptstraße hin und her, sehen asiatische Schriftzeichen, einige Chinesen kubanischer Abstammung. Oder Kubaner chinesischer Abstammung? Sie sind in der Minderheit, das Gros der Menschen sind Touristen und die bekommen alle zehn Meter lautstark eine Menükarte mit entsprechenden Preisen vorgelesen. Die Restaurants übertrumpfen sich gegenseitig mit Zugaben. Für jeden ein Mojito kostenlos. Für mich gar zwei, da ich am geschicktesten agiere, obwohl ich am wenigsten spanisch kann. Der Kellner führt uns in das obere Stockwerk, wo wir direkt neben einer offenen Kochstelle sitzen. Über dem Herd schwebt eine dichte Dampfwolke, es zischt und brutzelt und köchelt. Ob das mein Essen ist, das der Koch schwitzend zubereitet? Zum dritten Mal diese Woche stehen Shrimps auf den Tisch – und damit treffe ich die beste Wahl. Hungrige Mäuler sind mit fast allem zufrieden. Und es war zu erwarten, dass die angebotenen Speisen von Asien so weit entfernt sind, wie der ungehinderte Zugang zu freien Medien in einer Diktatur.

Die abendlichen Temperaturen sind angenehm, in Deutschland würde man von einem lauen Sommerabend sprechen. Mit Kuchen und Bier bewaffnet schlendern wir in den Park Central. An einer Gruppe Jugendlicher vorbei, die angeregt reden, die Rumflasche kreisen lassen und mehrmals laut auflachen. Ein älterer Mann verlangsamt seine Schritte, schaut mir direkt in die Augen. „Por favor!" In der leicht gekrümmten Hand blitzen zwei Münzen. Als er auf seiner Krücke weitergeht, sind es derer schon vier.

Neben Andrea sitze ich auf einer Bank, diskutiere über Kuba, die Menschen, die Gesellschaft. Sie ist erst Zwanzig und hat eine sehr verblendete Einstellung über Sozialismus und die DDR. Irgendwann rutscht es ihr raus, dass sie über „Cuba-Si" das Praktikum macht, das von der Partei „Die Linke" organisiert wird. Ich gehe bewusst nicht darauf ein, kann ihre Gedanken jedoch mit einem Mal viel besser verstehen. Auch Steffen erhält darüber seinen Kuba-Aufenthalt. Die linken Kader bekommen mit jungen Jahren eine Nachwuchsförderung wie früher der linientreue Ost-Student in Moskau. Andrea hat noch einen langen Weg vor sich und bereits eine ideologische Argumentation, die auf sehr subtile Weise erfolgt. Zum einen gibt sie zu, die DDR nicht bewusst erlebt zu haben, verdreht oder ignoriert dann aber Tatsachen, dass es „die Stasi" in Kuba so nicht gäbe. Darüber habe ich allerdings schon ganz anderes gehört und gelesen. Unrechtsstaat bzw. Diktatur ist die Voraussetzung für Sozialismus. Auch wenn sich die Kubaner wie seinerzeit die Ostler damit arrangieren. Man mag mich für diese Meinung steinigen, indes, sie beruht auf Erfahrung. Es gab auch in der DDR die viel beschworene Redefreiheit und dies ist zweifelsohne ein großartiges Wort. Nur wer konnte sich die wirklich leisten? Im Sozialismus bekommen diejenigen Recht, die sich an das System anpassen, leise sind und damit begnügen, das Wort Freiheit nur aus dem Wörterbuch zu kennen. Eine leider unversöhnliche Erinnerung. Zynisch betrachtet wären mittellose Taubstumme wohl die besten Sozialisten.

Windig, bewölkt, Regen. Kuba zeigt sich in der ersten Morgenstunde, die ich wahr nehme, nicht von seiner sonnigen Seite. Nach dem Frühstück fährt Steffen mit mir zur Uni. Mit den Leuten seines Spanisch-Lehrganges organisierte er eine Fahrt zur Festung El Morro, zu der er mich einlädt. Der Regen hat aufgehört, nur der Bus taucht noch knöcheltief in fahrbahnbreite Pfützen. Nach zwei Stunden lacht bereits wieder die Sonne und verströmt karibische Leichtigkeit.

Auf dem Uni-Gelände, eine der ältesten Universitäten auf dem amerikanschen Kontinent, wimmelt es nur so von jungen Menschen. Das Haupttor in diesem weiten Areal mit zwei- und dreistöckigen Gebäuden wird von Säulen getragen. Es erinnert an die steinernen Überreste der griechischen Kultur. Recht schnell findet Stefan seine Lerngruppe. Sie stehen inmitten von Palmen und in der Nähe eines eroberten Schützenpanzerwagens, der tagtäglich die Studierenden an die Revolution erinnert. Es ist abermals seltsam und doch mittlerweile keineswegs überraschend, wie beständig dieses Land den 1. Januar 1959 ins Gedächtnis ruft. Ein halbes Jahrhundert ist seitdem vergangen, 50 Jahre Geschichte. Was ist mit den Errungenschaften des Sozialismus? Gibt es keine neuen Erfolge? Gibt es keine Ziele? Wie überall wird außer der Revolution auch hier das Feindbild

Amerika gepflegt, werden Plakate gegen Besitz und Kapital geklebt. Es ist ein Schaufenster aller amerikafeindlichen Glaubenssätze und Gedanken. Arm gegen reich. Klein gegen groß. Gute gegen Böse. Stefan übersetzt einige der Sprüche. „Mit Arbeit und Anstrengung werden wir siegen." Ich meine dazu, es ist eine Durchhalteparole. „Der Sieg wird für immer und ewig der unsere sein." Ich stelle vielmehr fest: Die Vergangenheit lebt. „Viva la Revolución." Es lebe die Revolution! Immer und immer wieder wird die Freiheit Kubas in den Mittelpunkt gestellt. Es nervt mit der Zeit und das mächtig gewaltig! Ich sage das nicht, weil ich es nicht glaube. Nein, es stumpft ab. Ein blanker Busen, unerwartet unverhüllt, kann einen Skandal hervorrufen, ein ungeahntes Echo nach sich ziehen. Hunderte Nackedeis womöglich noch ein genervtes Stirnrunzeln, jedoch nicht mehr.

Zurück in die Gegenwart. Im gecharterten Uni-Bus genieße ich die Vorzüge eines Studenten, kann den Eintritt wie die anderen in Peso zahlen. Die Führung ist lerngruppen-gerecht in Spanisch, doch selbst nach drei Wochen verstehe ich nicht viel davon. Eigentlich nichts. Interessiert betrachte ich die Ausstellungsräume der Festung San Carlos de la Cabana, die wir zuerst besichtigen und in denen Che Guevara einst als Industrieminister residierte. Wo er direkt nach der Revolution als Kommandant der Festung hunderte vermeintliche Regimekritiker oder Armeeangehörige er-schießen ließ. Nach zwei Stunden kubanischen Heldenepos bleibt einzig der Blick auf Havanna reizvoll. Eine grandiose Aussicht bis weit über den Malecón hinaus.Wie einst die Engländer kommen auch wir über Land und „erobern" als lustige Studententruppe El Morro. Alte Verteidigungs-anlagen, hohe Festungsmauern, verrottete Kanonen. Im Grunde so, wie man sich eine fast dreihundert Jahre alte

Festung vorstellt. Nicht wirklich spannend heute. Immerhin, ich war hier und habe endlich jene Festung eingenommen, an der ich so oft zuvor bei „Pirates" virtuell gescheitert bin.

Ein abschließender Abend in Havanna. Mit Steffen und zwei seiner Studienkollegen hocke ich im stilechten und entsprechend teuren Restaurant, gestaltet wie in der vorrevolutionären Zeit. Der einfache Kubaner erhält hier keinen Zugang. Die Touristenklasse kann unter sich bleiben und das Rad der Zeit ein halbes Jahrhundert zurückdrehen. Als tauchten wir mit dem Schritt über die Schwelle in eine anonyme Welt ein, weitab der kubanischen Realität, wirkt hier alles fremd und unecht. Das Lächeln der Bedienung scheint aufgesetzt, der herrschaftlich gekleidete Kubaner am Klavier schwebt wie der überdimensionale Kronleuchter über den Dingen. Eigenartig, wie die affektierte Aura von vorgegaukeltem Reichtum augenscheinlich den Charakter der Menschen verändert. Hier ist nichts von der kubanischen Mentalität zu entdecken, die Neugierde, Offenheit und Herzlichkeit verbindet. Oder ist es eine Unterart der kubanischen Gattung des „Homo Sozialissimus", so will ich sie benennen, die sehr anschaulich zeigt, dass in einer sozialistischen Gesellschaft alle gleich sind? Und nur manche etwas gleicher?

Der einzige Moment, in dem alle gleich sind, zeigt dieser Abend. Ausnahmslos. Es ist Romantik pur, wenn die Sonne abermals über dem Horizont schwebt und blutrot schimmernd in das Meer taucht. Dazu eine leichte Prise, am Malecón peitscht das Wasser eindrucksvoll an der Kaimauer hoch. Die winzigen Salztröpfchen werden vom Wind bis weit in die Straßen hineingetragen, die die verblichenen Häuserfassaden noch schneller zerfressen. Nach und nach hat sich die Uferpromenade mit Menschen gefüllt, die

147

staunen und den Blick auf die schwarze Weite des Atlantiks genießen. Junge Kubaner sitzen auf der Kai-mauer, trinken Bier oder Rum aus kleinen Tetrapaks, lachen laut und flirten stürmisch. Liebespärchen kuscheln eng und wiegen sich im Takt der Wellen. Vor sich das Meer, dahinter die in Zeitlupe zerfallenden Hauswände. Kuba verführt noch einmal, verwirrt die Sinne, weil es schön und ärmlich ist. Nicht nur jetzt scheint der Augenblick stillzustehen, wie jeder einzelne Moment eine Erinnerung für sich, auf seine Weise einzigartig verloren und dennoch voller Leben. Bezaubernd der Anblick der spärlich beleuchteten Häuser, die an den Glanz Havannas erinnern, wie es vor 1959 ausgesehen haben muss. Als kein Verfall von der Schönheit der Villen ablenkte und die Meeresbrandung wie das Zählen der Dollarnoten nach dem Glücksspiel klang.

„Buenos Diaaaaz!" klingt mein letztes guten Morgen ausge-ruht und frohgelaunt. Nach dem gemeinsamen Frühstück geht es zum Souvenirmarkt an der Hafeneinfahrt. Dennoch, der Weg ist überflüssig. Liegen die Preise einerseits weit über denen in Trinidad, sind die Händler ebenso wenig am Feilschen interessiert, da vor dem Markt ganze Busladungen an williger Kundschaft ausgeschüttet werden. Was bleibt, ist ein letzter Gang durch Havanna-Vieja. Abermals zur Tabakfabrik. In den Fingern juckt es schon, beim Straßen-händler um die Ecke die billigen Zigarren abzustauben. Es muss ein Hauch von Rebellion sein, der mein Handeln in diesem Moment bestimmt. Ich bin glücklich und zufrieden, denn mein Kopf sagt standhaft „Nein!" Ich mag weder jetzt oder irgendwann später Hehlerware kaufen noch will ich diesen Betrug unterstützen. Die echten und teuren Cohiba-Zigarren, die sollen es sein! Zwar will ich das Geld nicht zum Fenster hinauswerfen, aber Kuba so ganz ohne „Mitbringsel" auch nicht verlassen. Und ich gebe zu, der Kauf im offiziellen Geschäft bringt etwas Besonderes mit sich. Allein der Tabakgeruch, die schweren Lederseesel zum Innehalten, der Anblick der Schubladen voll teurer Zigarren und mithin die Gedanken an einen genussvollen Moment. An eine unvergessene Zeit.

Noch einmal den Prado queren, diese Flaniermeile und breiten Boulevard Havannas, dessen Allee das perfekte Bühnenbild für ein Hochzeitsfoto bietet. Dabei werde ich etwas sentimental, ein Frösteln jagt über den Rücken. Ich kann mir zwar nicht vorstellen, eines Tages zu heiraten. Sollte mich dennoch irgendwann eine Frau bändigen, egal wann und an welchen Ort dieser Welt, spätestens hier jagt mich der Gedanke, in einem amerikanischen, von Chrom blitzenden Cabrio in ein gemeinsames Leben zu fahren. Neben ihr sitzend, einen letzten lächelnden Blick von der Rücksitzbank aus werfend.

Eine Stunde im Sonnenschein träumen, noch einmal, bevor es endgültig Abschied nehmen heißt. Ich verbeuge mich tief vor Havanna, vor Kuba, vor dieser Wahrhaftigkeit und halte die aufschlussreichen Erlebnisse fest. Havanna – ich möchte sie die „Stadt der zwei Seelen" nennen. Eine aufregende Symbiose aus Traum und Wirklichkeit, wenn man vom Hier und Jetzt in die Vergangenheit eintaucht und hinter bröckelnden Fassaden die historische Atmosphäre atmet. Wenn man beim Anblick der glänzenden Oldtimer vor den hübsch aufpolierten Kolonialbauten gleichzeitig verzaubert und betrogen wird. Eine Stadt, deren Prunk und Zerfall so einzigartig verwirrt. Havanna als auch Kuba schenken unzählige Bilder, Eindrücke und lebendige Gedanken, die mit nichts auf der Welt vergleichbar sind. Die

Zeit steht still, und niemand will die Uhr ein Stückchen weiter drehen. Vorwärts einen Schritt zurück.

Ein letztes Mal: Die Revolution war ein Schicksalsschlag für das kubanische Volk. Auf Kuba gab es davor Korruption und es gibt auch heute Korruption. Viel Illegales läuft ab, die Läden sind leer und es geht denjenigen gut, die etwas beschaffen, also organisieren können oder die im Tourismussektor arbeiten und so an Devisen kommen. Auf ein Wort reduziert, lässt sich der kubanische Sozialismus mit „weniger" umschreiben. Castro verbannt allerorten die Werbung, der Transport ist das kubanische Problem schlechthin, es gibt keine Wegwerfgesellschaft, alles wird weitergenutzt. Deshalb gibt es weniger Abfall, weniger Schadstoffausstoß, da weniger produziert wird, weniger Konsum, da weniger Kaufanreize. Aber auch weniger freie Meinungen. Die Eigenart eines totalitären Systems.

Ohne Zweifel und Widerspruch, Fidel Castro hat Groß-artiges geleistet, wie eine allumfassende Bildung oder ein Gesundheitswesen, das allen nützt, von den horrenden Kosten einmal abgesehen. Er ist ein furchtloser Mann, Mitte achtzig und inzwischen ein Mann des vergangenen Jahr-hunderts. Nach fast 50 Jahren gab der Commandante sein Amt an seinen jüngeren Bruder Raúl Castro ab, der in seiner Rede zum Revolutionsjubiläum und zur Neujahrsansprache 2009 wie eine ausgeleierte Schallplatte jene bekannten Phrasen über Revolution, Sieg, Sozialismus wiederholte und letztlich sich selbst und das System feierte. „Man solle nicht mit Illusionen in die Zukunft schauen, die nächsten 50 Jahre würden nicht einfacher werden. Das Leben sei ein ewiger Kampf, auch wenn Kuba stärker als jemals zuvor dastehe."[7] Er warnte vor der amerikanischen Invasion und den imperi-

---

[7] Granma Nr. 2, 02.01.2009

alen Mächten, die schon so lange das kleine Kuba bedrohen. Doch die einzige erkennbare Invasion ist die der ausländischen Touristen und ihrer harten Dollar oder Euros. Mit denen bringen sie Devisen in das Land, stützen das marode System und verlängern dessen Daseinsberechtigung. Sie erfreuen sich an karibischer Leichtigkeit, frohlocken beim Anblick des alten Havanna genauso wie am Strand in Varadero. Oder genießen den Malecón beim Sonnenuntergang.

Und das ist der Beweis: Sozialismus funktioniert! Man benötigt nicht viel dazu, vielleicht etwas Sonne und Strand, ein paar Kuba-Orangen und 25 °C im Schatten. So bleibt er in seinem Lauf unaufhaltsam: In der Hängematte zwischen zwei Palmen, den Blick auf die Karibik gerichtet, in der einen Hand einen Mojito und die andere hält eine fette Cohiba zwischen den Fingern.

Viva Cuba libre!

Kuba

Sancti Spiritus

Camagüey

Holguin

Bayamo

Baracoa

Santiago de Cuba

Guantanamo

Reiko Krause

calling
India
...is calling me

Ein Reisetagebuch und Erlebnisbericht
über Südindien

ISBN 978-3-8423-4247-7

Entdecken Sie den Süden des indischen Subkontinents!
Ohne Joint in der Hand, dafür stets mit Neugierde auf das
Leben der Inder, voller Spannung auf dieses einzigartige
Land: farbenprächtig, schrill, faszinierend, anders.
Indien – ein aufregender Trip in der Welt der Gegensätze!